# キヤノンの仕事術

―「執念」が人と仕事を動かす―

酒巻 久

祥伝社黄金文庫

# まえがき

「キヤノンの成長の原動力、秘訣《ひけつ》は何ですか？」

よく聞かれる質問だし、数多くの雑誌や本で分析されてもいる。

私は一九六七年にキヤノンに入社して以来、キヤノン一と自負しているほど、多種多様な仕事にたずさわってきた。VTR、複写機、ファックス、ワープロ、PCなどの研究開発にたずさわり、一方で国内工場や海外の研究所の立ち上げ、社内のコンピュータシステム開発、生産管理の仕事など、自分でも覚えきれないくらいの部署をまわってきた。

私が入社した六七年は、キヤノンが「右手にカメラ、左手に事務機」というスローガンのもとに、カメラメーカーから総合事務機メーカーへの脱皮を宣言した年であり、キヤノンの多角化経営に合わせるように、私も色々な仕事を経験してきたのだ。

事務機の中では、とくに複写機の開発がメインテーマで、今や複写機はカメラと並ぶキヤノンの二大中核事業となったわけだが、決して順風満帆《じゅんぷうまんぱん》に成功への道を歩んできたわけではない。そもそも、複写機で「打倒ゼロックス」を宣言しても、当時は巨象《きょぞう》に挑む鼠《ねずみ》のようなもので、周囲からは嘲笑《ちょうしょう》されただけだった。

それはカメラにも言えることで、創業当時「打倒ライカ」を宣言しても、誰も本気にはしてくれなかった。

二〇年、三〇年という時間をかけて、失敗や試行錯誤を繰り返しながら、決してあきらめることなく前進を続けた結果、はじめて「成功」という果実は手に入るのだ。

しかし、どんなに懸命に取り組んでも、目に見えた成功という形では実を結ばなかった事業も、もちろんある。私は開発者としては、コンピュータをメインに取り組んできた。NAVIというパソコンを開発したし、アップルコンピュータのCEOであるスティーブ・ジョブズ氏と一緒にパソコンの研究開発に取り組んだこともあるが、残念ながら、キヤノンでは一度も黒字化することなく、パソコン事業からは撤退することになった。

では、成功も失敗もありながら、「成長」をつづける秘訣は何か。

それは、たとえば、後ろ向きな失敗はダメだが、挑戦した結果での失敗は責めない、という「企業風土」がある。

パソコン事業の失敗で私が社内で下を向いたことはないし、事業としての成功には至らなかったが、そこで培《つちか》った技術は、現在、事務機内のコンピュータ技術に役立っている。前向きな失敗は責めない、という企業風土がなければ誰も新しいことに挑戦しなくなるし、そうなれば、企業としての成長は止まってしまう。

また、「自発、自治、自覚（何事にも進んで行動し、自分のことは自分で管理して、自分の立場や役割を自覚する）」というキヤノン伝統の三自《さんじ》の精神で表わされる、「やらされる」という意識ではなく、自ら主体的に取り組むという、仕事に対する姿勢も重要だ。社員一人ひとりの、仕事に対する意識、姿勢が企業の成長力に直結するのだ。

しかし、私が思うに、実のところ仕事に対する取り組み方の中で、何よりも大事なことは「この仕事をやりたい、やり遂げて成功させたい」という、「執念」と呼ぶしかないようなある種の情念だ。カメラや複写機のように、十数年もかけて成功にたどりつくことができる最大の要因は、開発にたずさわった人間、一人ひとりの執念としか言いようがない。

「執念」は決して精神論ではない。それは仕事に真正面から取り組む姿勢から生まれてくるものであり、その結果、仕事の成功確率が高まり、ますます仕事が楽しくなるという、「成功の好循環」の原動力となるものだ。

私がキヤノンで学び、キヤノン電子で教えている「執念」を核とした仕事術が、少しでもビジネスマンのお役に立てば、著者としてこれほど嬉しいことはない。

キヤノン電子・社長　酒巻《さかまき》 久《ひさし》

# 目次

## 2章　仕事を成功させる最大の力……65
### ——「執念」が人を動かす

## 3章　失敗とのつき合い方――不遇なとき「言い訳」をしない　119

# 1章　誰のために仕事をするのか

——仕事を覚えるいちばん早い方法

## なぜ「自分のために仕事をする」という発想が大事か

「最近は、会社より自分が大事で、会社をステップアップの道具にしか考えない若者が増えた」

よくそんな話を聞く。そこには、「昔と比べて、今どきの若者は会社へのロイヤリティ（忠誠心）が低すぎる」との思いが滲《にじ》む。

しかし、この手の話に私はいつも違和感を覚える。私たちの若い頃にしても、最初から「会社のため」などと思って働いていた人間は、そうはいなかったと思うからだ。

むしろ、「自分のため」「家族のため」と思って、頑張って働いているうちに、だんだん仕事が面白くなって、いつの間にかその職場がかけがえのないものになっていた――。そんな人が多かったのではないか。

だから、まずは「仕事は自分のため」と思ってすることだ。既婚者になれば、これに、「妻のため、子供のため、家族のため」という思いがプラスされて働くのが、いちばん自然だと思う。

「自分のため」というのは、「自分の成長のため」ということだ。自分が成長して、仕事の面白さがわかるようになれば、ますます仕事に対する興味と意欲が湧いてくる。この「自発的なやる気」こそが大事なのだ。やる気さえ出ればしめたもので、俄然《がぜん》、仕事は面白くなるし、結果、成長に加速度がつくようになる。

たとえば、それまでは上司に残業を命じられると、腹の中で舌打ちしていたのが、「これだけは今日中に片付けておきたいので」と進んで残業するようになる。

わからないことがあれば、積極的に誰かに聞くだろうし、家に帰ってからも関係する書籍を読むなど勉強だってするはずだ。必要なら休日出勤も厭《いと》わないだろう。自分のため、家族のためと思えば、オン、オフ関係なく、そうやって時間も使えるようになる。

そうした努力は、必ず「仕事の成果」となって現われる。社員の仕事の成果が、会社の利益の源泉である。当然、仕事の成果は「高い評価」という形で社員に返ってくる。

高い評価の結果、給料が上がれば、本人はもとより、家族の生活も豊かにできる。それがまた仕事へのモチベーションを高め、さらなる成長の糧《かて》となる。

そうやって社員一人ひとりが伸びていけば、会社もどんどん大きくなる。

自ら成長できる人間は、必ず会社の利益に貢献する。会社の利益が増えれば、国や自治体にたくさん税金が納められる。つまり、「自分のため」「家族のため」に働くということは、自分を成長させ、会社を伸ばし、ひいては地域社会や国のためにもなるのである。

ところが、「会社のために働いている」と思ったら、どうしたって「やらされている」という意識が先にくる。

「自分の時間（人生）を会社に切り売りしている」という発想では、意欲など湧くはずがない。努力もしないし、勉強もしない。当然、上達もなければ、成長もない。これでは仕事はつまらない。辛《つら》いし、疲れるだけだ。

なのに、そういう「やらされ意識」の強い人間に限って、「会社のために働いているのに評価が低すぎる」「給料分はもう働いた」などと愚痴をこぼす。

あげくに何かトラブルが起きれば、「言われた通りにやっただけだ」などと上司や会社に責任を転嫁《てんか》し、逃げることばかり考える。

仕事を自分のためと思うか、会社のためと思うかで、心のベクトルは、まったく逆方向を向いてしまうのだ。

だから私は、これまでも、まずは自分の成長のために仕事をしようという意識で仕事をしてきたし、部下にもそのように言い続けてきた。自分のため、自分が成長して仕事が面白くなるため、そういう意識こそが「いい仕事」の始まりであり、キヤノンが掲げる「自発の精神」の原動力となる考え方なのだ。

## 転職目的で頑張るヤツがいたっていい

私の経験で言えば、「オレは会社のために働いているんだ」などと口先だけの愛社精神を振り回すようなヤツに限ってロクなのはいなかった。

むしろ、「オレのやりたいことはこれだ。何で会社はやらせてくれないんだ！　やらせてくれないなら、こんな会社、辞めてやる！」と上司に食ってかかるような人間のほうが、結局は会社のために大きな仕事をしたものである。

そう言えば、ホンダを世界の「ＨＯＮＤＡ」に育て上げた故・本田宗一郎《ほんだそういちろう》さんは、よく新入社員に向かって「会社のために働くなんてウソを言う人はいないでしょうね」と言っていたそうだ。

私はうちの会社のみんなに、「自分が幸福になるように働け」っていつもいってるんですよ。会社のためじゃなく、自分のために働けって。

『本田宗一郎「一日一話」』（PHP文庫）

会社というのは、社員と家族が幸せになるための、言ってみれば一つの手段である。だから、「仕事は自分のため、家族のためにしている。一生懸命仕事をおぼえて、もっといい会社に移りたい」、そういう発想でもいいのだ。

そうやって自分に磨きをかけ、技術と経験を身につけるよう努力すれば、必ずその人は伸びていく。どこへ行っても評価され、高く買ってもらえる人間になる。それこそ売り込むまでもなく、「ぜひうちに」とヘッドハントだってかかるかもしれない。

こう言うと、「若いうちは給料分の仕事も満足にできないのだから、やっと力をつけてきたと思ったら、はい、さよならで、よその会社に行かれたのでは、たまったものではない」と渋い顔をする人がいる。

だが、ものは考えようで、「やらされ意識」でロクな仕事もしないくせにいつまでも会社に寄生する社員より、「早く仕事をおぼえて、もっといい会社に移りたい」と一生懸命働いてくれる社員のほうが、会社としてはよっぽどありがたいのではないだろうか。

それに、そういう気持ちで自分を高めようと努力する人間は、「いずれは他社へ」と思っていても、会社が成長を認め、実力をちゃんと評価し、それに見合った仕事をきちんと与えるようにすれば、やりがいを感じ、案外、辞めないものだ。

もちろん、本当によその会社へ移る人間もいるが、それはそれでしようがない。「ここにいるよりは」と考える何かしらの理由があるわけだから、その事実を謙虚に受け止め、もっと魅力のある会社を目指せばいいのだ。

もとより他社から請《こ》われるほどの人材を育てたと思えば、腹も立つまい。喜んで送り出してやることである。

## まずは課長と対等に議論できることを目指す

自分を成長させようと思ったら、身近な人物を目標にするといい。この方法を教えてくれたのは、一九六七年に私がキヤノンに入社したときの直属の上司である。

当時のキヤノンは、東大や京大、阪大などの一流国立大の理系出身者が多く、私のようなデキの悪い私大出は少なかった。

周りを見れば、誰もが優秀に見えたし、実際、構造解析とか数式の扱いなどを見れば、圧倒的に彼らのほうが上で、とても太刀打ちできなかった。

「これは参ったな……」

正直気後れしたものである。

そんなとき直属の上司から言われたのが、次の一言だった。

「お前はそう優秀じゃないんだから、近くにいる、いちばんデキのいい人間をまず目標にして、それに勝てるようにしろ。それに勝ったら、次は課長を目標にしろ。課長に勝ったら、次は部長を目標にしろ。

そうやって部長を超えるくらいの実力をつければ、言いたいことも言えるし、意見だって通るようになる。まずは課長と対等に議論ができるようになることだ。そうすれば、誰と議論しても何とか勝負になる。年齢は関係ない」

私はこの教えに従い、目標となる人物を決めると、その人に追いつき、追い越すため、技術と知識の吸収とキャッチアップに努めた。何しろ大学時代は遊んでばかりで、勉強などほとんどしていなかった。専門は電気だったが、電気工学の基礎である交流理論すら知らなかった。

そもそも私がキヤノンに興味を持ったのだって、土日が休みという実にお気楽な理由からだった。というのもキヤノンは、一九六三年から隔週週休二日制をとっており、私が入社した六七年には日本で初めて完全週休二日制を導入したのだ。当時、隔週でも土日が休みの会社は、ほとんどなかった。大学時代、遊びほうけていた若造にとって、土日が完全に休みというのは、とてつもない魅力だった。

だが、いざ入ってみれば、周りは一流国立大卒のエリートばかり。仕事を終えた後はもとより、土日も勉強しないと、とてもついていけなかった。

遊びたい一心で選んだ会社だったが、それどころではなかったのだ。

だから入社して数年は、仕事を終え、家に帰ると、眠い目をこすりながら、必死で自分の勉強をした。土日も遊びたいのを我慢して専門書に向かった。

とくに苦手なコンピュータ理論や電磁気理論、応用数学などを一から全部やり直した。

それで初めて一流国立大出のエリートと対等に議論ができるようになった。

そして会議や打ち合わせなどの席では、目標の人物と議論を重ね、どれだけ自分が成長したかを確かめた。

すると、あるとき、ふと気づくのだ。

「あっ、ひょっとすると、これはもう追いついたかな」と。

そう思えるようになったら、「次は課長」「次は部長」とより高い目標へとターゲットを切り替えていった。

## いい上司につけば、駄馬《だば》も駿馬《しゅんめ》に変わる

よく「上司と親は選べない」と言うが、これは本当である。

いい上司についた人は伸びるし、悪い上司についた人は能力が高くてもダメになることが多い。上司の善し悪しは、つまるところ、部下に「これは自分の仕事だ」と思わせるのが上手いか下手かの違いである。

いい上司につけば、駄馬も駿馬に変わるが、悪い上司についてしまえば、どれほどの俊英であっても、やらされ意識から抜け出せないまま、あたら若い才能を潰《つぶ》されかねない。

それこそ三年もすれば、その差は歴然としたものになる。一方は明るい顔で嬉々《きき》として仕事に取り組み、もう一方は暗い顔で仕事や待遇への不満ばかりを口にするようになる。

悪い上司についてしまったら、これはもう不運と言うしかない。その意味では私は、最

初からいい上司に恵まれたと感謝している。

というのも、「身近な人物を目標にしろ」と教えてくれた直属の上司だけでなく、その後の人生に大きな影響を与え、確かな道標となってくれた、素晴らしい三人の先達とも巡り合うことができたからだ。

一人は、元海軍技術将校で後にキヤノンの副会長を務めた故・鈴川溥《すずかわひろし》さん、もう一人は後に社長となった故・山路敬三《やまじけいぞう》さん、最後は御手洗冨士夫《みたらいふじお》・現キヤノン会長である。御手洗さんからは経営の心構えをしっかりと教えられた。

## 「山路理論」の名技術者との出会い

山路さんとの出会いは、今でもよく憶《おぼ》えている。忘れもしない、あれは入社試験の面接の後だった。帰ろうとしている私に、

「君、よかったら、この後食事につき合わないか」

そう声をかけてくれたのが、山路さんだった。

山路さんは、ズームレンズの設計理論（山路理論）で知られる有名な技術者で、大学の

教科書にもその名前は載っていた。当時はキヤノンの多角化戦略を担う開発部の副部長だったが、その名前は私のような遊んでばかりの不良学生でも知っていた。

その山路さんが、初めて会った若造に直々《じきじき》に声をかけ、食事までご馳走してくれるというのだから、それはもうびっくりした。

行った先は自由が丘《じゆうおか》（東京・目黒区）にある楼蘭《ろうらん》という中華料理店だった。驚くやら嬉しいやらで、何を話したか、ほとんど記憶にないが、食事がおいしかったのと、「うちへ来ないか」と熱心に誘っていただいたことだけは、昨日のことのように憶えている。

もしあのとき山路さんと出会うことがなければ、今の私はないだろうし、もとよりキヤノンという会社に入ることもなかっただろう。

というのも、山路さんに気に入られなかったら、たぶん私は面接の段階で落とされていたと思うからだ。それに気づいたのは、入社から一〇年以上も経《た》ってからだった。

「君と比べてどっちが生意気だ？」

キヤノンは中途採用が多い。私もかなり面接をしたり、引き抜きをやったりした。

あるとき、東工大の大学院を出た人が中途採用に応募してきた。誰もが優秀な人材と認めたが、ちょっと生意気な態度や話し振りが鼻についた。話し合いの結果、やはりその点を指摘する声が多く、結局、不採用とすることになった。

その旨《むね》、山路さんのところへ報告に行くと、思わぬ言葉が返ってきた。

「それで、その人と君と比べて、どっちが生意気ですか？」

一瞬、言葉をなくした。そして、問われるままに、わが身と引き比べてみた。するとどう考えても自分のほうが生意気に思えた。

たとえば、開発費用の目的外利用を暗黙のうちに認める「アンダーテーブル」を利用して自分の研究テーマに取り組んでいると、よく上司から「そっちはやめて、先にこっちをやってくれ」と言われるのだが、いつも私は「嫌です」と言ってこれを拒否した。

そのうち上司は、「どうせやめろと言ってもやめないだろうが、上が言ってこいって言うから、一応言うだけは言うぞ」などと前置きをするようになった。

そしてしまいには、私に何か頼む前には、必ず「今日の機嫌はどうだ？」と聞くようになった。「お前は機嫌が悪いと、誰が何と言ったってやらないからな」というわけだ。

上司に気を遣わせるほど、当時の私は生意気だったのだ。

そこで私は正直に、

「私のほうがもっと生意気です。たぶん、倍ぐらい」

と答えた。すると山路さんは、

「だったら、どうして採らないんですか？」

と諭《さと》すように言った。

「人間を生意気だなんて、うわべの印象だけで判断すると大きな失敗をしますよ。東工大はすぐそこなんだし、大学院で論文指導した先生だってわかっているわけだから、実際はどういう人物なのか、ちょっと行って聞いてくればいいじゃないですか」

山路さんにそう言われたら、行かざるを得ない。

下丸子《しもまるこ》（東京・大田区）のキヤノン本社から東工大のキャンパスのある大岡山《おおおかやま》（東京・目黒区）までは電車に乗ってしまえば、ものの一〇分だ。「あんな生意気なやつ、どうせロクな評判はないだろう」、そう思って行ったのだが、とんでもなかった。

彼を知る指導教授や大学に残った友人たちは、彼の優秀さもさることながら、何よりその人間性を高く評価した。「少し口は悪いが、情に厚く、友だち思いのとてもいいやつ」――。それが彼に対する共通の人物評だった。

私は、わずか一五分かそこらの面接で、彼のことを「生意気だ」と決めつけたわが身の愚かさを恥じた。

## 予断と偏見は人の目を曇らせる

社に帰り、東工大での彼の評価を山路さんに報告した。

「やっぱりね。だから言ったでしょ。物事っていうのは、うわべだけで判断しちゃいけないって。調べられる範囲のことは、ちゃんとやらないとダメなんです」

私はこの一件で、予断と偏見は人の目を曇らせる、ということを思い知った。以来、人物を評価するときは、うわべで判断せず、また周囲から聞こえてくる情報は参考程度にとどめ、必ず自分でできる範囲で、人となりを確かめるようにしている。

「彼は○○だ」式の評判は、当たっていることもあるが、しばしば多少の悪意を持って流された情報だったりする。間違っても鵜呑《うの》みにしたりせず、自分の目と耳で確かめることである。

ともあれ、山路さんに人を見る目の何たるかをぴしゃりと指摘されたことで、なぜあのとき山路さんが私を食事に誘ってくれたのか、その理由がやっとわかった気がした。

私は面接のとき、「これからの日本のものづくりはかくあるべき」とかなんとか、今から思えば、恥ずかしくなるような、ずいぶんと生意気なことをあれこれ並べ立てた。面接した人たちの大方の意見は、それこそ「何だ、あの生意気なやつは!?」といった否定的なものばかりだっただろう。

そのなかで、たぶん山路さんだけが、

「人間はうわべだけではわからない。この男はずいぶん生意気なことを言っているが、本当のところはどうなんだろう。もう少し自分の目で確かめたい」

そう思ったのだ。それで面接の後、わざわざ食事に誘ってくれた。私のことだから、そこでもまた生意気なことを言ったのだと思うが、生来《せいらい》、一本気で飾るのが下手な性分だから、それが山路さんにはかえって好ましく映ったのかもしれない。

あるいは、山路さんは自分と正反対の人間を好むところがあったので、ひょっとすると一流国立大卒のエリート集団に私のようなデキの悪いのを入れたら、案外、組織が活性化するかもしれないと、試してみたくなったとも考えられる。

つくづく人の出会いというのは面白いものだと思う。

ちなみに例の東工大出の人は、評判通りの好人物で、今もキヤノンに在籍し、いい仕事を続けている。

## 「人、自然、ものに学べ」——人間国宝の教え

蒔絵《まきえ》の人間国宝、大場松魚《おおばしょうぎょ》さんは、自分を高め、成長させるには「人、自然、ものに学ぶことだ」と言っている。

「人に学べ」とは、師匠、先賢、先学の哲学に学びなさい、ということだ。何でもそうだが、何かを成そうと思えば、自分なりのものの捉え方、考え方がしっかりしていないと、なかなかいい結果は得られない。いい仕事をするには自分なりの哲学が必要になるのだ。

それには先人の教えは有益であり、貴重な道標となってくれる。

「自然に学べ」とは、その雄大さや美しさや猛々《たけだけ》しさに素直に感動できる心を持ちなさい、ということだ。そうした素直な心があれば、たとえば、悠久の歴史が紡《つむ》ぎ上げた神々《こうごう》しいまでの造形美から、新しい商品デザインのヒントなどを得ることもできる。

「ものに学べ」とは、名匠《めいしょう》たちの残した優れた作品に学びなさい、ということだ。絵画

であれ陶芸であれ現代の工業製品であれ、名匠たちの作品というのは、いつ見ても刺激的である。ジャンルや古今東西を問わず、そこには学ぶべき偉大な先人たちの知恵がぎっしりと詰まっている。

私が、大場松魚さんのこの教えに初めて触れたのは、もうずいぶん前のことだが、「なるほど、そうか、そうだな」と首肯《しゅこう》することが多く、以後、座右《ざゆう》の銘《めい》として、繰り返し思い返しては手引きとしている。

「人に学べ」については改めて多くを語る必要はないだろう。先ほど述べた、常に身近にいる優秀な人物を目標にしたり、よき上司を人生の範とすることや、先人の教えを良書に求めたりすることだ。

ここでは「自然に学べ」と「ものに学べ」について、もう少し具体的に考えてみたい。

## 偏屈な人間は成功しない

まず「自然に学べ」について考えてみよう。

その教えの核心は、花を愛《め》で、風に遊び、鳥の歌を聴くように、「物事を素直に感じ取れる心を持て」ということだ。

たとえば、設計や開発で成功するかどうかは、知識の量や経験の豊富さだけではない。ましてや出身大学の偏差値の高さでもない。無論、知識や経験は重要な要素だが、それだけでいい設計や開発ができるわけではない。

では何が決定的に大事かと言えば、「人間性」であり、「人柄のよさ」なのである。気持ちが素直で、物事をありのままに受け止められるかどうかが、成否を分けるいちばんのポイントなのだ。

それはなぜかと言えば、物事の本質というのは、先の面接の逸話がそうであったように――あるいは「王様は裸だ」と言った子供の寓話が示すように――予断や偏見や先入観などを持たない素直な心でないと、なかなか見えてこないことが多いからだ。

さらに言えば、昔と違って、今は一人で設計や開発ができる時代ではないから、どうしたって協力者が必要になる。

そのとき人間性に問題があれば、なかなか協力が得られない。

設計や開発と言うと、発想のユニークな、ちょっと変わった人物のほうが、成功しやすいように思うかもしれないが、大きな成功を収める人に案外そういうタイプは少ない。変わった人を超えて、偏屈な人となった場合は、さらに成功は難しくなる。

理由はいろいろあるけれど、わけても、

**①素直な人に比べて協力者が得にくい**

**②奇をてらった発想がすぎると正論や原理原則を見失いやすい**

という二つの弱みは、致命的である。

その点、私自身はどうだったかと言えば、上司にも気を遣わせるほどの生意気ではあったが、幸いなことに偏屈ではなかったと思う（あくまで自己評価であるが）。

上の人間や周囲の者たちは、「酒巻は会社に楯突《たてつ》くようなことばかりしている」と見ていたようだが、私としては自分なりに考え、正しいと思うことを主張していたにすぎず、別におかしな言いがかりをつけていたつもりはない。

ただし、サラリーマンの社内力学からすれば、素直がすぎるというか、あまりにも馬鹿正直というか、少々考えが足りない面はあったかなとは思うけれど。

それでも、一理あると思ったのだろう、上はよく私の意見を受け入れてくれた。

それを考えると、当時の上の人間は、偉かったなと思う。いくら正論とはいえ、あれだけ生意気を言われてもちゃんと聞く耳を持っていたのだから。

当時の私の上司には、偉くなっても「素直な心」を失わない人が多かったということだろう。

## 名機のデッドコピーを三回つくる目的

次に「ものに学べ」について考えてみよう。

これは一言で言えば、古今東西のありとあらゆるジャンルの名品に学べ、ということだ。実は私は、若い頃から、部品でも製品でも、名機と呼ばれるものを「デッドコピー」しては、そこから最高の設計の秘密を学ぶようにしてきた。

デッドコピーとは、寸法から材料まですべて分析して、一〇〇パーセントまったく同じものをつくることを言う。そうすることで、最高の部品や製品が、どのような設計思想でつくられたのか追体験し、理想的な設計とはどうあるべきかを実践的に学ぶのである。

だから、大場松魚さんの教えに触れたときは、まさにわが意を得たりと思ったものだ。

デッドコピーするのは何でもいい。たとえばカメラであれば、名機と呼ばれる他社製品を買ってきて、分解し、絞《しぼ》りでもシャッターでも何でもいいから、どれか一つ部品を決めて徹底的に分析し、それと一〇〇パーセント同じものをつくるのである。

それに成功したら、次はもう少し複雑な部品に挑戦する。それができたら、さらに難しい部品へとコピーのレベルを上げていく。

こうしてデッドコピーを三回やれば、設計者としてはだいたい一人前になれる。そうなれば、「今度の設計、自分でやってみろ」と仕事を任せることができる。

ただし、言うは易《やす》しで、デッドコピーというのは、意外と難しい。

なぜかというと、「オレならここはこうする」と勝手に設計を変えてしまう人が多いからだ。そうやって自分の色を出した途端にデッドコピーは成立しなくなる。

名機と呼ばれるものは、知識と経験と人物に優れた最高の設計者が手がけた「これしかない」という理想の設計になっている。

それをいじれば、おかしなことになるに決まっているのだ。

## 究極の設計はシンプルで美しい

だからデッドコピーは、一〇〇パーセント忠実に再現しないと意味がない。一から十まで寸分違《たが》わぬコピーをすることで初めて理想的な設計を追体験できる。

そこで味わう感動は格別だ。

究極の設計は、実に簡単でシンプルである。そして驚くほど美しい。その事実に気づけば、つくった人間と同じ気持ちになれる。同じ感動を味わうことができる。

「何でこんなに単純なんだろう！」

その感動こそが、最高の学びになるのである。

ところが、なかにはそうしたシンプルで美しい設計を、「なんであんなつまらない設計をするんだ」と言って馬鹿にする人間がいる。

「創造性が足りない。それじゃつまらない」というわけだ。

しかし、そんな戯言《ざれごと》を言う人間に限って、あれこれ考えすぎて無駄の多い設計をする。

無駄の多い設計は、不良のもとだ。それこそ電子機器のプリント基板《きばん》などは、設計時の部品配置の良否が不良率に直結する。設計は簡単なら簡単なほどいいのである。

究極の設計はシンプルで美しい。それを理解できない設計者は、所詮《しょせん》、三流である。

そう言えば、ベストセラー『国家の品格』（新潮新書）の著者で数学者の藤原正彦《ふじわらまさひこ》さんも「いい数学の定理は簡潔で美しい」と言っている。

おそらく物事の真理というのは、無駄なものをすべて取り除いたところに、ひっそりと、しかし凛《りん》として美しく存在しているのである。

## 仕事を面白くするもっとも簡単な方法

「いいかげんにしなさい！」

お母さんに怒られるまで、子供は、それこそ半日でも一日でもゲームをやっている。それは要するにやっていて面白いからだ。誰かに「やれ」と言われたって、面白くなければ、そんなには続けられない。すぐに止めてしまうだろう。

仕事も同じである。面白くなければ、どだい夢中にはなれない。

では、仕事を面白くするにはどうすればいいか。

それには常に「どうすれば仕事がうまくいくか」という視点を持つことだ。与えられた仕事を、与えられたまま、言われたままやるのではなく、その仕事をよりよくするベストの方法を考え出し、実践する。それが上にも認められれば、あらゆる仕事は「やらされ仕事」から「自分の仕事」となり、働くのが楽しくなってくる。

逆にいえば「やらされ仕事」と思って、いつも不満たらたら、ぶーたれて仕事をしているような人間に成長はないということだ。この原則は、営業でも開発でも人事でも総務でも、どんな職種でも一緒である。

キヤノンには伝統の「三自《さんじ》の精神」というのがある。

三自とは、「自発、自治、自覚」のことで、「何事にも進んで行動し、自分のことは自分で管理して、自分の立場や役割を自覚する」という意味である。

私は「三自の精神」の根幹は「自発」にあると思っている。自発的に、自分から考えて行動しないかぎり、仕事は面白くならないし、成長もないからだ。

## 経験の「量」が、職業人としての「質」を決定する

大きな書店のビジネス書のコーナーに行くと、「上手な時間管理の仕方」とか「ビジネス手帳の使い方」といった仕事の効率化のための指南書がたくさん並んでいる。

それだけニーズがある証拠だが、実はこうしたハウツー本よりもはるかに効き目のある簡単かつとっておきの方法がある。

それは仕事の中で、自分の「目標」や「夢」を持つことだ。「自分が達成すべきは何か」ということを早く見つけるのである。そうすれば、仕事はもっと面白くなって、その夢を実現するには何をどうすればいいか、放っておいても最短距離で考え、行動するようになる。

たとえば私の場合は、どこに配属されても、その部署でトップの人に追いつき、追い越そうと思って仕事をしてきたし、課長、部長になってからは、いつも「業界でトップ」「日本でトップ」「世界でトップ」という夢を持つようにした。そして、「その夢を実現するにはどうすればいいか」という発想で仕事をしてきた。与えられた仕事に自分なりのテ

ーマ（＝夢という付加価値）をつけて、自らのモチベーションとしたのである。

これはキヤノン電子の社長になっても同じである。今の夢は、「キヤノン電子を世界のトップレベルの高収益企業にすること」であり、そのために必要な「垢《あか》すり」（＝ムダをなくし、業務の効率化を図ること）の方法をいつも考えるようにしている。

では、夢はどうやれば見つかるのだろうか。

最初から明確な夢や目標がある人はいいが、実際には「何のために働けばいいのかわからない」という人は多い。

そういう人は、とにかく与えられた仕事に精一杯取り組み、たくさん経験を重ねることだ。無論、やらされ意識でやったのでは意味がない。「この仕事の向こうにきっと自分のやりたいことが待っている」と思って、一生懸命に働くことだ。

そうすれば、必ず自分のやりたいことが見えてくる。

誰だって初めは仕事の素人《しろうと》にすぎない。それが経験を重ねることで、自分なりの夢や目標を見出《みいだ》し、プロの職業人へと脱皮していくのだ。

その意味では、「経験の量」こそがビジネスマンとしての質を向上させ、より高いレベルのチャレンジを可能にするのである。経験を重ね、より難易度の高い仕事をこなすことで、新たな夢や目標を見出し、それがまた新しい知識や技術の習得につながるのだ。

経験の「量」こそが、職業人としての「質」を決定するのである。

天才は努力していないように見えるが、そんなことはない。あの天才イチローだって、人の何倍も練習して今の地位を築き上げた。だからわれわれ凡人も、天才に負けないくらいの努力を重ね、経験を積み上げていけば、ひょっとしたら非凡の域に到達できるかもしれない。少なくとも並み以上のレベルには必ずなれるはずだ。

だから経験というのは本当に大事なのだが、われわれのようなものづくりの現場では、3次元CAD《キャド》（Computer Aided Design）のようなコンピュータ支援による設計が当たり前になって、従来であれば、実際に自分で試作をして経験すべきことが、すべてシミュレーションで済まされるようになってしまった。

試作というのは、実際に金属の板を削ったり、穴を開けてヤスリをかけたりという手作業で行なう。設計ミスで穴の位置を間違えれば、もう一度削り直さなければならない。

そうやって生身の人間が五感を通じて経験する失敗や喜びや試行錯誤こそが、脳の経験値を高め、設計者としての次なる進歩につながるのだと私は思っている。

それがコンピュータ・シミュレーションだけでは、すべてバーチャルの世界ですんでしまう。仮想世界での経験が、果たしてどれだけ脳の経験値を高めてくれるのだろう。

経験値を積み上げることのできない設計者は、使い捨てにされるだけである。

## 私が特許書類作成が得意だった理由

山路さんとともに私の会社人生に大きな影響を与えたのが、キヤノンの「技術の父」と呼ばれ、副会長まで務めた鈴川溥さんである。私が入社した当時は取締役開発本部長で、山路さんの上司でもあった。

鈴川さんにはとにかくレポートをたくさん書かされた。いちばん厳しく指導を受けたのは、「言いたいことは何か、それを簡潔に述べよ」ということだ。

「レポートが全体で三ページあろうが、四ページあろうが、それはかまわない。その代わり何が言いたいのか、その趣旨を六、七行で簡潔にまとめなさい」

よく、そう言われた。そして、レポートの本編を読む前に必ず趣旨に目を通し、内容や結論がいい加減で何を言いたいのかわからなかったり、借り物だらけで自分の意見がなかったりすると、

「こんなのはダメです。書き直し！」

とその場で突き返された。本編がどれほどいい出来であっても、趣旨の書き方が悪いと、本編まで読んでもらえなかった。

今でも忘れられないのは、直しの赤鉛筆である。

私が入社した当時は、まだ鉛筆の時代で、ボールペンはほとんど使っていなかった。当然、レポートは黒鉛筆で、これに鈴川さんは赤鉛筆で直しを入れた。

「今日のは出来がいいから、赤鉛筆は入らないだろう」と自信満々で持って行っても、最低一箇所は直しを入れられた。鈴川さんが右手に持った赤鉛筆がぴくりと動くと、「ああ、今回も直しが入ったか」と、がっかりしたものである。

せめて黒鉛筆で直しを入れてくれれば、そこだけ消しゴムで修正できるのにと思い、あるとき鈴川さんに頼んでみた。

「そんなに意地悪しないで、黒の鉛筆でやってください」

「そしたら君、消して直しちゃうでしょ。ここがダメってことは全部ダメなんです。全部書き直すために赤鉛筆でやってるんだから」

結局、その後も赤鉛筆の直しは続いた。「わかりにくい」の一言で、三回も書き直しをさせられたこともあった。さすがにそのときは、「コンチキショウ!」と思った。

でも、そうやって鍛えられたおかげでレポートを書くのは上手になった。言いたいことは何か、伝えるべきポイントはどこにあるのか、それを簡潔に表現できるようになった。

このことは特許の申請書類を書くのに大いに役立った。特許の申請では、自分が取得したい特許の範囲を簡潔明瞭に文章化する必要がある。技術屋は、文章を苦手とする人が多く、特許の申請ではみんな苦労するが、私の場合はそうでもなかった。

鈴川さんのおかげである。

## エリートに多い「木を見て森を見ない」タイプ

言いたいことは何か——。鈴川さんが、私たちに問い続けたものは、換言するなら、「自分が何をしたいのか、それを明確にせよ」ということだ。

目的が明確でないといい仕事はできない。

たとえば、同じ遊びに行くにしても、海と山では自ずと装備や携行品が違ってくる。登山靴を履いて海に行く人はいないし、水着を着て山へ行ってもしようがない。目的を正しく理解していないと、とんでもない行動を取りかねないのだ。

そうした愚を避けるには、最終目標を明確にし、そこに至るための鳥瞰図《ちょうかんず》やロードマップをしっかりと頭のなかに入れておく必要がある。そうした準備がちゃんとできていないと、ひどく遠回りをしたり、結局、目的地に到達できなかったりする。

しばらく前にこんなことがあった。

私は自分で読んで、これは面白いなと思う本は、会社の図書室へ入れてみんなに読んでもらうようにしている。ところが、あるとき、とっくに図書室に入っているはずの本が、まだ入っていないことがわかった。

私は図書の管理をしている人間に理由をたずねた。すると、「まだ登録してないので、そこに積んであるんです」という。

私はそれを聞いてその人間を叱責《しっせき》した。

「あなたは自分で予算を取ってこの図書室をつくったんでしょう。いったいどういう図書室にするつもりなんですか？　明確なイメージがないから、いきあたりばったりに、本を並べるだけになるんです」

こういう図書室にしたい、というイメージがあれば、それに沿って蔵書のラインアップを充実させるなど、理想を実現するための努力ができる。しかし、それがなければ、入ってきた本を行き当たりばったりに登録して並べるだけになってしまう。

これは図書室だけではなく、すべての仕事に当てはまることだ。「木を見て森を見ない」と、目に入った、気に入った木を適当にバラバラと植えていくことになってしまう。その結果は、何となくできあがった森（仕事）にしかならない。

大事なことは、まず最初に、自分が何をやりたいのか、最終的に達成したいことは何なのか、それを具体的にイメージすることである。そして実際にやってみて、当初のイメージと何がどう食い違っているのか、客観的に分析してみる。その上で原因の究明と対策を考える――。これが仕事の基本的なプロセスだ。

この基本プロセスは、課長、部長とリーダーになるにつれて、より重要になってくる。見取り図のない上司では、部下が道に迷ってしまうからだ。ところが、いわゆる勉強ができた、一流大学出の技術者にはこの能力が育たないケースが多い。いつまで経っても、一本、一本の木を追いかけることに終始してしまうのだ。

## 知識の裾野《すその》が広くないと、大きな仕事はできない

どんな職種もそうだと思うが、最初から大きな仕事を任されるケースは少ないはずだ。たとえば設計や開発の仕事にしても、今は技術分野が細分化されているので、昔と違って与えられるテーマの範囲が狭く深くなっている。

私がキヤノンに入った頃は、若い人でも大きなテーマをもらえることがあった。それを考えると、今の若い人たちは、特定の分野の小さなテーマを追いかけることがほとんどだから、昔ほど面白みはないかもしれない。

しかし、だからといって、「これしかやらせてもらえないのだから、しょうがない」と、その分野の仕事だけで満足していたら、いつまで経っても成長はない。それでは上にしたって、もっと大きな仕事を与えたくても与えようがない。

では、もっと大きな仕事を任されるようにするにはどうすればいいか。

それには、まず小さな分野でトップに立つことである。そうすれば、必ず会社はもう少し大きな分野の仕事を与えてくれるはずだ。そして今度は、そこでのトップを目指すの

だ。そうやって実績を積み上げ、最終的に全体のトップを目指すのである。

その際、大事になるのは、常に知識の裾野《すその》を広げていこうとする意識である。営業でも開発でも人事でも、幅広い知識を持った人が必ず上に行く。

まず小さな分野で誰にも負けないコアの知識を身につけ、トップに立つことだ。そうしたら、その知識を核にして富士山のように裾野を広げていけばいい。

間違っても小さな分野の専門家で満足してはいけない。スペシャリストでいいではないかと思うかもしれないが、知識の裾野を広げる意欲のない人間は、特定のその分野においても、いずれ使い物にならなくなる。

大きな成功を望むなら、小さな成功に満足せず、より広範な知識を求め続ける必要があるのだ。

## 三年間は黙って言うことを聞く

「石の上にも三年」とはよく言ったもので、人間、三年辛抱して頑張れば、たいていのことは成るものだ。仕事もそう。三年辛抱すれば、だいたい一人前になれる。

私は入社してすぐ、直属の上司からこう言われた。

「三年間は黙って言うことを聞け。その代わり三年したら、必ずよそから引き抜きが来るようにしてやる」

今から思えば、職人さんの見習いみたいなもので、それこそ「頭を小突かれようが、足を蹴っ飛ばされようが、文句を言うな」という世界だった。

おかげで仕事は早く覚えることができた。そして上司が言ったように、本当に三年もすれば、他社から引き抜かれる者もいた。

今の時代と違って、当時はヘッドハンティングがしょっちゅうあって、就職口には困らなかった。とくに外資系は給料がよく、引き抜きの条件提示を受けると、今の給料とのあまりの落差に唖然《あぜん》としたものである。実際、「オレの給料、安すぎる」と言って外資系の会社へ移った人間も少なくない。

当時は、ヘッドハントされても黙っていたから、表向きは他社に引き抜かれたとはわからない。でも、退社の理由を聞けば、だいたい見当はついた。「親の具合が悪いので田舎《いなか》に帰って仕事をします」――。そう言って辞めていく人間は、たいてい引き抜きだった。

実際、親の面倒を見るために北海道へ帰ったはずの男と、ある日、街中でばったり出会い、「お前、北海道に帰ったはずだろう！」と大笑いしたことがあった。

よく、「今の若い人は昔に比べて会社を身軽に替わる」と言うが、こと技術者に限って言えば、昔のほうがはるかに会社間の移動は身軽だったと思う。

その代わり、引き抜くほうは、「欲しいのは技術であって、人間じゃない」というドライな考えに徹していた。このため即戦力にならない人は、すぐに見捨てられた。

私にも引き抜きの話がなかったわけではないが、こうした移籍者に対するシビアな扱いをいろいろ聞いていただけに、別の会社へ移って仕事も人間関係も一から苦労するくらいなら、ある程度認められつつある今の会社で苦労したほうがいいや、と考え、結局、会社を移ることはなかった。

上司の手をさんざん煩《わずら》わせ、おそらく誰もが真っ先に辞めるだろうと思っていたはずの私が、最後まで辞めずに残ったのは、つまるところ、そういうことである。だから、振り返ってみれば、「こんなアホな上司の下でやってられるか！」と思った時期もあるが、結局、辞めることはなかった。

## ゴルフも三年でシングル——短期集中こそ上達の近道

何かを身につけようと思ったら、ある程度のレベルになるまでは、短期間に集中的にやることだ。私の場合、その基準は、「人前で恥ずかしくないレベル」であり、その水準に達するまでは、短期集中で一心不乱に勉強する。

たとえば、ゴルフを始めたのは四〇代半ばだったが、三年でシングルになった。

まず何をしたかというと、自分と似た背格好のプロが書いたレッスン書とレッスンビデオを買ってきて、会社の行き帰りの電車はもとより、帰宅後や休日など暇さえあればひたすらその人の本を読み、スイングを真似した。

最初にやったのは、その人のスイングの分解写真をトイレや天井など家中至る所に貼りつけて、目に焼き付けることだった。

実際に素振りをやるときは、全身が映せるような大きな鏡がないので、夜、庭に出て、庭の照明だけをつけて、部屋の明かりを消して、窓ガラスに自分の姿を映してチェックした。どんなに遅く帰っても、一時間は素振りをしていたので、近所からクレームが付いたこともある。

家の中でアイアンなんかの素振りをするときは、テイクバックのクラブヘッドの位置と、フィニッシュのクラブヘッドの位置に、天井からピンポン球を吊して、スイングの軌《き》道《どう》を固めた。

また庭に粘土を入れてその粘土を削ることでバンカーショットの練習をしたり、部屋の絨毯《じゅうたん》に小さなピンを立ててパターの練習をしたりもした。スイングが固まってからは、飛距離や芝目などをイメージしながらより実践的な素振りを心がけた。

家にいるときはこうした練習を暇さえあればやった。それと同時にスイングに必要な内筋を鍛えるためにゴムのチューブを使った筋力トレーニングも欠かさず続けた。

これを二年間みっちりやった。その間、コースはおろか、打ちっぱなしにも一度も行ったことがない。スイングが固まる前に打ちっぱなしに行っても何の効果もないと思ったからだ。

それでコースデビューして、すぐにハンデがシングルになった。

この話をすると、誰もが目を丸くして驚くのだが、私にしてみれば、「人並みのレベルまでゴルフがうまくなるにはどうすればいいか」を真剣に考え、そのために必要な情報を集め、それをとことん分析し、私にとって最適な練習メニューを考え、強い意思と集中力でもって忠実に実行したにすぎない。

それは誰のためでもない、自分のためである。だから、面白いし、夢中になれる。やっていて楽しいから上達も早い。あれこれ練習も工夫するから、さらに伸びる。

要するに仕事で成長するプロセスと同じである。

## 山路さんに啖呵《たんか》を切ったわが女房

コースに出るようになってしばらくしてから、米国の西海岸で一週間のゴルフ教室に入ったことがある。レッスンプロは、私のスイングを見るなり、「誰に教わったのか知らないが、いいフォームをしている」と言ってくれた。

自己流にプロがお墨付きを与えてくれたわけだ。教室ではプロの勧めもあり、コースの回り方など、より実践的な指導を受け、一週間後、帰国の途に着いた。

ところが、日本へ帰ってみると、とんでもない事態が起こっていた。

実は、米国西海岸へは、もともと会社の出張で行ったのだが、仕事が予定より早く終わったので、現地で報告書を仕上げると、そのまま休暇を取って日本へ帰ったことにして、ちゃっかりゴルフ教室へ入ったのである。

このことは会社はもちろん、家族にも内緒だった。

しかし、悪いことはできないものである。私がゴルフを楽しんでいるまさにそのとき、山路さんから拙宅に緊急の要件で電話が入ったのだ。山路さんは、米国から帰った私は家でのんびりしていると思ったのだろう。

ところが、わが連れ合いは、まだ米国で仕事をしていると思っているから、

「まだ出張で帰ってきてません」

と言ってしまった。それを聞いて、山路さんは、たぶん、すぐにピンと来たのだと思う。「あの野郎、ウソつきやがったな」と。それで、

「だったら、どこにいるかご存知ですか」

と聞き直した。だが、連れ合いにしてみれば、亭主は出張中なのだから、そんなことを言われたって困ってしまう。

「そちらの知らないことが私にわかるはずないじゃありませんか」

と、つい言い返してしまった。これに山路さんはカチンと来た。

「亭主の居場所くらい、奥さんだったら、ちゃんとつかんでおきなさい！」

　これに連れ合いは、何と答えたか。

「会社のね、自分の部下のね、行き先もわかんないような上司でどうするんですか！」

　米国から帰国してそれを聞いた私は、思わず、聞き返した。

「お前、ほんとにそんなこと言ったのか？」

「言いましたよ。だって、そんなの当たり前でしょ。米国に出張に行くとしか聞いてないんですから。向こうでサボってたかどうかなんてわかるわけないでしょ。それを管理するのは上司の仕事ですよ。何で私が怒られなきゃいけないの」

　その刹那《せつな》、背筋に冷たいものが走った。これはえらいことになったぞ……。

　翌朝、出社すると、すぐに山路さんのもとをたずねた。怒鳴られるのを覚悟して、恐る恐る、こう切り出した。

「家のほうにお電話をいただいたそうですが……」

　ところが、山路さんは、怒るどころか、ニコニコしながら、こう言うのだ。

「君もたいへんだな。私も君の奥さんに教育されたよ」

　その一言で、私のウソは「不問に付す」となった。それにしても女房に青ざめ、女房に救われるとは、今、思い返してもゾッとする事件だった。

## 麻雀も心筋梗塞《しんきんこうそく》のようになるまでやった

少し脱線した。話を「上達するには短期集中」に戻そう。

例の赤鉛筆の鈴川さんは、「若い頃はゴルフもマージャンもやるな。そんな暇があったら勉強しろ」とよく言っていた。

ゴルフについてはその教えを守ったが、麻雀だけは隠れてよくやった。

入社して数年、周りのエリートにもようやくついていけるようになり、精神的に余裕ができ始めた頃だった。いくら仕事が好きで、夢中になれたとしても、やはりそれだけでは疲れてしまう。適度なオンとオフの切り替えは必要であり、私の場合は、酒があまり飲めないこともあって、それが麻雀に向かった。

麻雀は、学生時代からやってはいたが、ただ並べるだけで、ろくに点数も数えられなかった。それでゴルフと同様、短期集中で、点数の数え方から役づくりのセオリーまで徹底的に勉強した。

そして夜の十時まで一生懸命残業をやると、「さあ、麻雀へ行こう」と言って会社の近くの雀荘へ行き、毎日のように実践を重ねた。引き上げるのは、だいたい終電の時刻の十二時頃で、そんな生活を一年くらい続けた。

しかし人並みに打てるようになると、麻雀熱はぴたりと止んだ。理由は二つある。

一つは無茶な生活がたたったのか、心筋梗塞のような症状が出て、「これはやばいぞ」と不安になったから。そしてもう一つは、目の前の人間から御足《おあし》を頂戴《ちょうだい》するのはどうしても抵抗があったからだ。

結局、私には麻雀は向かなかったのだと思う。

## 一〇〇冊の本を読めば、専門家になれる

ゴルフ、麻雀、何でもそうだが、新しいことに挑戦するときは、とにかく短期集中でやることである。異動などで新しい仕事に就いたときも、最初に集中的に取り組むと覚えるのが早いものだ。

私自身、振り返ってみても、仕事が変わって環境問題に取り組まざるを得なくなったと

きは、やはり短期集中で一〇〇冊以上の専門書を読み漁った。

未知の分野は、最初は何もわからない素人だからたいへんだけれど、一生懸命勉強すれば、いろいろなことがわかってきて、だんだん面白くなる。すると、ますます理解も深まり、自然と力もついてくる。自ら興味を持って勉強できれば、やがては専門家と議論しても負けないだけの実力だってつく。

そのプロセスは、ゴルフでも麻雀でも仕事でもまったく同じである。逆に言えば、短期集中で仕事に夢中になれるようでないと、結局、「早く今日の仕事、終わんないかな」と思うような「やらされ仕事」になりかねない。

これでは本人もつまらないし、会社も不幸である。

## エリートにはできない仕事力の身に付け方

前にも述べたように私が入社した当時のキヤノンは、東大、京大、阪大など一流国立大の理系出身者ばかりで、私みたいなデキの悪いのはほとんどいなかった。

おかげで、そういうエリートたちがやらないような仕事をいろいろ経験させてもらった。なかでも忘れられないのは、複写機の取手《とりで》工場（茨城県）の立ち上げである。

当時私は、複写機の設計を担当していたのだが、ある日突然、「今度立ち上げる取手工場を手伝ってくれないか」と言われたのだ。

まだ三〇歳そこそこだったが、生産部門の人と一緒になって、工場のライン設計から発注の仕組みづくりまで、ゼロからすべてをやらせてもらった。これはものづくりの根本を知る上で実にいい機会だった。

たとえば、今と違って昔の出力五〇ワットとか、一〇〇ワットのモーターは、あまり性能がよくなかったから、よく止まったり、回らなかったりした。

このため一社だけに発注しておくと、いざトラブルが発生すると、ラインがずっと止まってしまう。実際、一社購買にしていたモーターが動かなくなり、ラインが三週間も止まってしまったことがあった。

それに懲《こ》りて、以後、まったく同じ仕様のモーターを二社に発注するようにした。二社購買にしておけば、ラインが止まってしまうリスクを避けることができるからだ。

こうした危機管理の考え方などは、百聞は一見に如《し》かずで、人に教えてもらうより、自分で実際に経験するほうがはるかに身に付く。

いずれにしろ、一流国立大卒のエリートたちは、私のように工場の立ち上げにかかわることはほとんどない。というのも彼らは、通常、一つの部署から動かないからだ。

一般的に企業の人事考課は、同じ部署にいる人間ほど出世が早く、異動が多い人間ほど出世が遅い。一つの部署にいれば、ヘマをしない限り評価は上がっていくが、部署が変わると、どれほど優秀な人間でも、「こいつは初めてだからわかりませんよ」ということで、それまでAの評価をもらっていてもBの評価に落ちる可能性が大きいのだ。

つまり異動が多ければ多いほど人事考課は落ちるのである。だから会社もエリートたちは、あまり動かさないのだ。その代わり「こいつならいいだろう」ということで、私のようなデキの悪いのが、あっちの部署、こっちの部署と、やたら異動を命じられるのである。

しかし、ものは考えようで、異動が多いということは、エリートたちの知らない現場をいろいろ実践的に経験できるわけで、それは彼らにはない大きな強みとなる。

エリートではない私が、キヤノン本社で役員に名を連ね、子会社のキヤノン電子で社長になれたのは、まさに数多くの現場を知っていたからだと思う。

異動の多さは、一つの部署にとどまるエリートたちに比べれば明らかに人事考課で不利だが、数多くの現場体験を武器にできれば、そのハンデを補い、十分、伍《ご》して戦うことができる。

無論、とんとん拍子の出世は望めない。きっと亀の歩みに違いない。しかし最後は彼らと同じ土俵まで上がって、正々堂々と勝負ができるはずだ。だから異動を命じられたら、また新しい経験ができると思って、喜んで赴《おもむ》くことである。

## 「人間対人間」がものを言うとき

複写機の取手工場では、本当にいろいろな経験をした。コミュニケーションや信頼関係を築くことの大切さを学んだのもここだった。

たとえば、部品を注文する場合、一回、発注すれば、黙っていても届くかと言えば、決してそうではない。何度も催促の電話を入れないと、約束の期日までに納品してもらえないことがしばしば起きる。注文を出しているのは自分のところだけではない。ほかにも出しているところが必ずある。先方にすべての注文に応《こた》えられるだけの在庫があればいいが、繁忙期などで不足していれば、納期や切実度などを勘案《かんあん》し、適当に割り振るしかない。

こんなとき、注文を出しっぱなしで、催促の電話一本入れていなかったら、「あそこは急いでないみたいだから」と後回しにされるに決まっている。

こうした事態を回避し、約束の期日までに確実に納品してもらうには、催促の電話を頻《ひん》繁《ぱん》に入れることだ。重要な部品であればあるほど、なおさらそうすべきだ。そして、「あそこはよっぽど困ってるんだな」と相手に思わせる必要がある。

半導体などはいい例で、景気のサイクルなどの関係で需給が逼迫《ひっぱく》すると猛烈な品薄状態になることがある。こんなとき、「一回注文したからいいだろう」などと思っていると、催促が頻繁に来るところを優先されてしまい、とんでもないことになる。

だから、納期までに絶対に必要な部品などであれば、社員で手分けして催促する先を決め、「あれが入らないとほんとに困るんです！」と朝いちばんで毎日電話することだ。実際、私は取手工場で、それをやった。

そして最後の決め手は、やはり日頃のコミュニケーションであり人間関係だ。こまめに電話をしたり、会食の機会をもつなどして、信頼関係を築いておく必要がある。

ビジネスというのは会社と会社の関係で動いているようだが、実際には担当者レベルの人間関係がポイントになる場合が少なくない。

「今、動かせる部品はこれしかないんだけど、さて、A社、B社どっちにどれだけ回そうかな……」となったとき、あなたならどうするだろう。結局は、それまでのつき合いが長くて、一生懸命催促の電話をかけてくる担当者のいるほうへより多くの部品を割り振るのではないだろうか。

その意味では、「会社ではない。あなただからまわすんです」と言ってもらえるような関係を築いておかなければならない。

最後は「会社対会社」というより、「人間対人間」なのである。

# 2章　仕事を成功させる最大の力

## ——「執念」が人を動かす

## 夢と現実をつなぐもの、それが執念

仕事は、気持ちの持ちよう一つで面白くもなるし、つまらなくもなる。

今、何が売れているのか？　新商品の動きはどうなのか？——。そうしたことに興味や関心を持って一歩踏み込んで仕事をすれば、「今日は一〇個売ってやろう」とか「このディスプレイを変えてみよう」とか、自分で自分の仕事にテーマを見出せるようになる。言われたことだけをやるのではなく、「これはどうすればもっとよくなるだろう」と自分で考え、主体的に行動する。それが仕事を面白くするいちばんの近道だ。

仕事が面白くなれば、そこに必ず夢や目標が生まれる。

では、夢や目標を実現するのにいちばん必要なことは何だろう。

それは、「やろうという気力」、すなわち「執念」だと思う。一念岩をも通す。ひたすら求め、のめりこむ。その一途《いちず》な心、執念こそが、夢を現実に変えるのだ。

その意味ではキヤノンの歴史は、まさに夢見る男たちの執念の歴史であったと思う。

## 「打倒ライカ」――キヤノン創業者が描いた壮大な夢

キヤノン（キヤノングループ）には「ものづくりのDNA」が息づいている。

それは「誰にも負けない、いいものをつくりたい」という技術者としての矜持《きょうじ》であり、誇り高き「町工場の心意気」である。

この職人魂に「何がなんでもやってやる。絶対に諦めない！」というたぎるような執念を注入したのが、時代の節目節目で歴代のトップが掲げてきた「壮大な夢」（＝長期ビジョン）である。

その原点は、「打倒ライカ」にある。

少し長くなるが、キヤノン創生期の執念の物語におつき合いいただきたい。

キヤノンの前身は、一九三三年、当時の東京市麻布《あざぶ》区六本木《ろっぽんぎ》の三階建てアパートの一角で創設された「精機光学《せいきこうがく》研究所」である。

「ドイツのライカに負けない世界一のカメラをつくりたい」――。そんな熱き思いを胸に抱いたカメラ好きの青年、吉田五郎《よしだごろう》さんが、義弟の内田三郎《うちださぶろう》さん、内田さんの元部下で後にキヤノンの二代目社長となった前田武男《まえだたけお》さんと共同で興した研究所だった。

この研究所を資金面で支えたのが、キヤノンの初代社長、御手洗毅《みたらいたけし》さんである（現会長・御手洗冨士夫氏は毅氏の甥《おい》に当たる）。

御手洗さんは、もともと産婦人科の医師で、当時は日本赤十字病院に勤めていた。その後、国際聖母病院の産婦人科部長になるが、内田さんとはかねて親交があり、その関係で資金的に後援していたのだ。

研究所の面々はライカを分解し、デッドコピーを行ない、ドイツのクラフトマンシップとマイスターの誇りとは何なのか、その設計思想を徹底的に学んだに違いない。

そして一九三四年、国産初の三五ミリカメラを完成させると、観音様からとった「KWANON（カンノン）」と名づけた。やがて語呂のいい「CANON（キヤノン）」へ変更し、三六年より近江屋《おうみや》写真用品から「ハンザキヤノン」の名前で本格的に市販された（「ハンザ」は近江屋の商標）。

後に「ライカコピー」と言われたもので、価格は二七五円。ライカは四〇〇円以上もしたから、それに比べればだいぶ安かったが、大卒サラリーマンの初任給が七〇円前後の時代であり、小西六《こにしろく》（現・コニカミノルタ）の蛇腹《じゃばら》式の「ベビーパール」なら三〇円ほどで買えた。

それでも人気は高く、三六年には目黒に工場を建て、翌三七年には「精機光学工業株式会社」へと組織を発展させた。キヤノンではこの年を創業年としている。

医者が本業の御手洗さんは、当初、常勤でなくても務まる監査役に就いたが、間もなく取締役となり、四二年には請われて社長に就任した。

しかし時代は戦争の真っ只中。戦局の悪化とともに経営は難しさを増し、カメラだけでは食べていけなくなった。そこで医療用のX線カメラを開発して軍に納入したり、日本光学（現・ニコン）の下請けとして軍需製品を生産するなどして戦時の経営を乗り切った。

その間、御手洗さんは、自ら産婦人科医院を開業し、医者と社長の二足の草鞋《わらじ》をはき続けるが、病院が空襲で焼失したこともあり、戦後はカメラ事業に専念することになった。

進駐軍の兵士に日本のカメラは人気で、精機光学工業の工場にもよく「売ってくれ」と言ってジープでやってきた。それを見た御手洗さんはカメラの将来性に自信を持った。

そして創立一〇周年を迎えた四七年には「国際的に通用するように」と社名を「キヤノンカメラ株式会社」へ変更。創業の志を今一度あらたにすべく、高らかにこう宣言した。

「われわれは打倒ライカをめざす。よそが真似できない世界一の高級カメラをつくろう」

## 一〇年でライカと肩を並べる

しかし、それを聞いた周囲の反応は冷ややかだった。ある取引先の大会社のトップは、「何を馬鹿なことを言ってるんだ」と鼻で笑ったそうだ。「無名の町工場に何ができる、相手は世界のライカだぞ。馬鹿も休み休み言え」というわけだ。

しかし、御手洗さんはそんな声に、「今に見てろよ」と、ますます闘志を掻《か》き立《た》てた。そして、「これからは大会社も下請けもない。ものを言うのは実力だ」と大手光学メーカーの技術者や旧陸海軍の技術将校など一流の人材を次々に採用した。私がレポートの書き方を教わった赤鉛筆の鈴川さんも海軍の技術将校だった人だ。

打倒ライカの夢に魅《み》せられ、集《つど》ったこの人たちが、オリジナル技術へのこだわりと、開発志向の強いキヤノン独自の文化や風土の担い手となった。

その成果は、ライカのf値《えふち》（レンズの明るさ）を上回るレンズの開発や、サンフランシスコの全米カメラ展示会に出品した「キヤノンⅡB型」の一位獲得などとなって、すぐに現われた。

自信を得た御手洗さんは、一九五〇年、「キヤノンⅡB型」などを手に米国市場開拓のため渡米した。表向きはシカゴで開かれる国際見本市への出品と米国のカメラ市場の視察だったが、本当の狙いは信頼できる販売代理店を探すことだった。

そこで映写機などで優れた技術力と販売網を持つベル・アンド・ハウエル社を訪ね、販売提携を打診した。しかし一カ月も米国で待たされた挙句《あげく》、結局、断られてしまった。

理由は大きく二つあった。一つは「性能はライカより上だが、メイド・イン・ジャパンでは売れない」という日本製品への低評価。もう一つは「一度火事になれば、あっという間に燃えてしまう木造工場では安心して仕事を頼めない」という生産体制への不信である。

帰国後、御手洗さんは、米国での屈辱をバネに火事に強い不燃性工場の建設と輸出のための販路の開拓に奔走した。まず大田区下丸子にあった旧富士航空計器の工場の購入を決めた。問題は資金で、改装費用も合わせるとざっと一億五〇〇〇万円必要だった。

この資金は銀行などからの借り入れで賄《まかな》ったのだが、直後に思わぬ話が舞い込んできた。英国の世界的な貿易商社ジャーディン・マセソン社が、総代理店として「キヤノンのカメラを輸出したい」と言ってきたのだ。

渡りに船とはこのことだ。キヤノンは海外での販売権を独占的に与える代わりに五〇万ドル（一ドル三六〇円で一億八〇〇〇万円）の借り入れを申し入れ、認めさせた。これでキヤノンは、海外での販売網と銀行などへの返済資金を同時に手にできた。

下丸子の本社工場が完成したのは五一年秋。以後、キヤノンは大躍進を始める。カメラ史に残る名機と言われる世界初のスピードライト同調三五ミリカメラ「ⅣSb」を発売したほか、伝説の「ライカM3」の登場には、三五ミリ広角レンズも使える変倍ファインダーを装備するなどした「V（5）型」シリーズで対抗した。

またジャーディン・マセソン社と提携したことで海外進出を本格化させ、五〇年代半ばにはマンハッタンの五番街にニューヨーク支店を開設したほか、スイスのジュネーブにキヤノンヨーロッパを立ち上げた。

こうしてキヤノンは、世界最大のカメラショーであるドイツの「フォトキナ」でも、ライカ以上に注目を浴びるようになった。

世界ブランドに成長したキヤノンに対して、あのベル・アンド・ハウエル社が「ぜひうちに売らせて欲しい」と代理店契約を求めてきたのは、御手洗さんの屈辱の渡米からちょうど一〇年後の一九六〇年のことだった。

それはキヤノンがライカと肩を並べる存在になったことの何よりの証しだった。

## 夢の実現を支えたキヤノンの「四つの行動指針」

ライカに追いつき、ライカを追い越せ――。御手洗さんの掲げた壮大な夢は、社員を鼓《こ》舞《ぶ》し、戦後の会社復興、さらには世界へと飛躍する、原動力となった。

トップの示す長期ビジョンは、このように全社的な求心力と目的達成のための強力なエンジンになる。私もキヤノン電子の社長に就任して真っ先にやったのは、「世界でトップレベルの高収益企業になろう」という大きな夢を掲げることだった。そしてそのための道筋として「すべてを半分にしよう」と提示した。

「時間、スペース、不良品、人・物の移動距離、$CO_2$排出量などすべてにおいて無駄をなくしてこれまでの半分にすれば、収益率は必ず2倍、4倍となっていく。だから世界のトップレベルの高収益企業をめざしてみんなで頑張ろう」――。

その結果、キヤノン電子は、一九九九年から二〇〇七年の九年間で経常利益が一三・六倍（一一億円→一五〇億円）、売上高経常利益率が九・四倍（一・五パーセント→一四・

一パーセント)、株主配当は二二倍(現在の配当金額は六〇円だが、二〇〇七年に一対一・五に株式分割しているため、九九年度の四円に比べると九〇円となる)に増えた。

このようにトップの示す長期ビジョンは、企業経営において極めて重要であり、大きな意味を持つ。しかし壮大な夢を掲げただけでは、無論、事は成就《じょうじゅ》しない。

キヤノン創生期を象徴する「打倒ライカ」の成功譚《たん》は——あるいは私が社長に就任して以降のキヤノン電子の復活劇(=高効率経営の実現)も——今に続くキヤノン独自の自律的で、挑戦的かつ創造的な企業風土を抜きにしては考えられない。

それは御手洗さんが唱えた次の四つの行動指針によって育まれたものである。

**①三自の精神(自発、自治、自覚)**
**②実力主義**
**③健康第一主義**
**④新家族主義**

三自の精神とは、前にも述べたように、「何事にも進んで行動し、自分のことは自分で管理して、自分の立場や役割を自覚する」という意味である。

それはつまり、「言われたことだけやるのではなく、何事も自分で考え、主体的に行動しなさい」ということだ。戦後間もなく工場で大量の不良が出たことがあり、それを教訓として、社員に自律的、挑戦的かつ創造的行動を促すための提言だったと聞く。

実力主義とは、「学歴不問。実力のある者が上に立つ」の意である。実力さえあれば学歴などなくてもちゃんと出世できるのがキヤノンのいいところだ。これはグループの一員であるわがキヤノン電子も同じ。実際、キヤノンのグループ企業には高卒の社長も中卒の社長もいる。

健康第一主義とは、医師でもあった御手洗さんらしい考え方で、キヤノン体操をつくったり、自社開発した医療用のX線カメラで社員の集団検診を実施したのが象徴的である。キヤノン電子も環境ホルモンの人体への影響を考慮して社員食堂の食器をすべてプラスチック製から陶製にあらためるなど社員の健康管理に努めている。

新家族主義とは、「社員はキヤノンという大家族の一員である」とするもので、「早く家に帰って一家団欒《だんらん》の時間をつくろう」という「GHQ（ゴー・ホーム・クイックリー）運動」は、御手洗さんの人間尊重の企業哲学を示すものとして有名である。

キヤノンは、一九六三年から労働時間の短縮に取り組み、隔週週休二日制を導入、私の入社した六七年には日本で初めて完全週休二日制に移行している。これも心身の休養と家族サービスを眼目としたのは言うまでもない。

「着眼大局、着手小局」という言葉がある。見通しを広く持って、全体をよく把握し、今やるべきことを地道に一歩一歩コツコツと積み重ねていく、という意味だ。

御手洗さんは、「打倒ライカ」という壮大な夢を語る一方で、日頃の心得、行動指針としてこれらを繰り返し説き、かつ実践した。

そうすることで社員一人ひとりが、安心してトップの語る夢に自分の未来を重ねることができたし、日々の苦労や目先の小事などを乗り越え、自分のため、家族のために勇気と希望と執念を持って自律的、挑戦的かつ創造的に働くことができた。

途方もない夢は、だからこそ、かなえられたのである。

## 「打倒ゼロックス」——巨象《きよぞう》に挑んだ鼠《ねずみ》

キヤノンは、カメラメーカーとして世界ブランドになった。

しかし、カメラだけに頼るのはいかにも不安である。そこで一九六〇年代に入ると他分野への進出をはかるようになり、六四年には世界初のテンキー式電卓を世に送り出した。

そして会社創立三〇周年の六七年正月、御手洗さんは年頭の挨拶で、「右手にカメラ、左手に事務機」という有名なスローガン（長期ビジョン）を打ち出し、「カメラ＋事務機」の複眼経営への脱皮を宣言した。ターゲットの中心となったのは複写機だった。

私がキヤノンに入社したのは、まさにこの六七年である。

世はカメラ全盛の時代だったから、正直なところ、事務機分野、わけても複写機への参入の意味合いがよくわからなかった。

しかし、鈴川さんにこう言われ、「なるほど、そうか」と思わず、膝《ひざ》を叩《たた》いた。

「カメラには消耗品がない。今さら小西六や富士写真やコダックみたいに消耗品のフィルムをやったところでかなうはずがない。だからキヤノン独自の消耗品ビジネスをやる必要がある。それには複写機がいい。複写機ならトナーや用紙などの消耗品が利益を生む。いつまでもカメラにだけこだわっていたのでは、キヤノンに未来はない」

その先見性、時代の先を読む眼力の鋭さ。自らの過酷な戦争体験がそうさせたのだろう、鈴川さんは将来のリスクを回避するにはどうすればいいか、常に先を読み、今やるべきことは何かを考えている人だった。

実は、鈴川さんの言葉の背景にはキヤノンの多角化路線に決定的な影響を与えた一つの苦いエピソードがある。

六二年に御手洗さん、鈴川さん、山路さんらがカメラの販路拡大と事業多角化のための技術調査に渡米したときのことである。フイルムメーカーの王者コダックの主力工場を訪問すると、昼も夜も大歓迎を受けた。あまりの歓待ぶりに「どうしてですか?」とたずねると、研究員の一人から思わぬ本音が漏れた。

「あなた方のつくるカメラはフイルム・バーナー(燃焼器)だ」というのだ。その心は、「カメラが売れれば売れるほどフイルムメーカーも儲《もう》かる」、である。

一同唖然《あぜん》とした。われわれはフイルムメーカーを儲けさせているだけなのか!?——。そして気づいたのだ。カメラには消耗品ビジネスの妙味はないのだと。

そこで目をつけたのが事務機であり、複写機だった。

そのための研究開発プロジェクトが編成され、山路さんを中心に社内外から優秀な人材が集められた。山路さんはズームレンズで名を馳せたカメラ部門のエースだった。そのエースを投入したことで、「会社は複写機を本気でやるつもりだな」と誰もが思った。

何か新しいことをするにはいちばん優秀な人材を集めることだ。そうすれば、会社の本気度が社内に伝わり、めざすべき方向へと社員の意識を一つにしやすい。

山路さんは、あるとき、こうぶち上げた。

「われわれはゼロックスを超える」

ゼロックスとは、言うまでもない、米国の複写機メーカーの巨人である。複写機にキヤノンの未来を託すとなれば、この巨人の壁を越えなければならない。

しかし、当時のキヤノン全社の売上は、ゼロックスの研究開発費にも満たなかった。あちらが巨象なら、こちらは鼠みたいなものである。それほど彼我《ひが》の差は絶望的に大きかった。

周囲からは、かつての御手洗さんの「打倒ライカ」宣言がそうであったように、「何を寝ぼけたこと言ってるんだ」と失笑する声が聞こえてきた。

だが、「それは無理だ」と言われれば、「そんなことがあるものか。やってもみないでなぜわかる」と考えるのが技術者の本能である。

「打倒ゼロックス」――。

山路さん率いる複写機開発チームの挑戦が始まった。

## キヤノンの歴史に残る「偉大な失敗」

当時、山路さんは多角化戦略を担う開発部の副部長で、その上に鈴川さんが取締役開発本部長でいた。

開発部は、後に研究開発部、中央研究所と組織的発展を遂げるが、その頃は複写機のほかに、磁気テープ式の情報検索装置とか、カメラのモータードライブとか、家庭用のビデオテープレコーダー（VTR）とか、さまざまな研究をやっていた。

私が入社して最初に配属されたのは、家庭用VTRの開発チームだった。同期のエリートの面々は、その多くが稼ぎ頭のカメラの開発部門に配属された。

彼らが優秀なのはわかっていたから、別段、何とも思わなかった。むしろ新しい事業部門のほうが、言いたいことが言えていいだろうくらいに思っていた。

もっとも現実は、まわりについていくのに精一杯で、とてもそれどころではなく、家に帰ってからも必死に勉強する毎日だったのだけれど。

私に与えられたのは放送局用に開発された4ヘッドのVTRをオープンリール式の家庭

用ＶＴＲにするための基礎研究だった。なかなか面白かったが、会社としての技術的な蓄積があまりにも少なすぎて、結局、ものにはならなかった。

ただし、そこで培《つちか》われた多くの技術や経験は、後のアナログ式の磁気記録スチルカメラや現在のデジタルカメラの研究開発に活かされた。

挑戦はたとえ失敗に終わってもゼロにはならない。必ず何か得るものがある。「技術の進歩は失敗の歴史」と言う。失敗の中にこそ、次なる進歩の種が見つかるのだ。

そう言えば、キヤノンには「シンクロリーダー」という多角化の先駆けとなった偉大な失敗がある。紙シートの裏に磁気録音を施し、表の印刷を読みながら再生した音が聞ける、いわば音の出る本のようなもので、一九五九年に発売された。考案したのは東京工大の星《ほし》野《の》愷《やすし》教授。マスメディアの関心は高く、「グーテンベルク以来の大発明」と賞賛されたが、あまり売れなかった。

再生する機械が大きすぎたし、音質も悪かった。何より値段が高すぎたのが響いた。大卒初任給が一万円かそこらの時代に一三万円以上もした。しかし、この失敗の経験があったからこそ、その後の電卓や複写機など事務機への挑戦も可能になったのである。

失敗を恐れず挑戦し続けるキヤノンの企業風土は、このとき御手洗さんが発した次の言葉に集約されていると言っていい。

「今度のことは、すべて私のオッチョコチョイに起因したものであって誰の罪でもない。この上は事後処理をよく行って、禍《わざわい》を転じて福とされたい」(『キヤノン史――技術と製品の50年』キヤノン史編集委員会)

失敗しても怒らない――。これはグループ企業も含めたキヤノンの誇るべき文化である。挑戦がなければ失敗もないが、失敗がなければ成長もない。キヤノンは、失敗こそが成長や技術革新の原動力になることをよくわかっている会社なのだ。

だから、自分で考え、主体的に動いた結果の失敗は、ウエルカムなのである。

この点については3章で今一度述べてみようと思う。

## 巨象のアキレス腱《けん》に食らいつけ

VTRの次に配属になったのが、多角化戦略の目玉だった複写機部門である。

普通紙コピー機（ＰＰＣ：プレーン・ペーパー・コピー）の基本技術は、三八年に米国のチェスター・Ｆ・カールソンによって発明された静電気を応用した「ゼログラフィ（Xerography）」であり、ゼロックスはその関連の基本特許と周辺特許を独占的に所有し、事業化していた。

ゼロックスが押さえていた関連特許は六〇〇以上もあった。この特許の壁を他社がブレークスルー（突破）するのは不可能だとみられていた。

しかし、山路さんは、そうは考えなかった。

「不可能だと思えば誰も入ってこない。そこが狙い目だ。技術には限界がない。必ず何か別の方法があるはずだ」

誰もやらない、だからこそ挑戦する値打ちがある、という発想である。

最初にやったのは、ゼロックスの弱点を徹底的に探すことだった。すると難攻不落に見えたゼロックス方式のＰＰＣにも致命的なアキレス腱があることがわかってきた。

とくに、①でかすぎて「大会社に一台」しか置けない、②黒猫の写真をコピーすると真ん中が抜けて白くなってしまう（＝エッジ現象）、③感光ドラムにむきだしの状態で重金属（セレン）を使っているため人体への影響が懸念される（ただし、現在はすべてのメーカーでセレンの使用は中止されている)、の三つは、「オレたちにもチャンスがあるかもしれない」と思わせるに十分な弱点だった。

大きな目標を掲げるときは、部下にそれが絵空事でないと思えるような根拠や道筋を提示する必要がある。キヤノン電子の場合は、「徹底的に無駄を排除して、時間でもスペースでも不良品でもこれまでの半分にすれば、世界でトップレベルの高収益企業になれる」とその道筋を示し、社員を引っ張った。

道筋に誤りがない限り、必ず成果は現われる。それを見て社員は「そうか、こうすれば無駄がなくなって会社の利益が増えるんだな」と納得してその道を歩いていくようになる。

打倒ゼロックスでは、その実現のために、鼠が齧《かじ》り付いたら巨象でもひっくり返るような致命的な弱点をまず明らかにしたのだ。

そこで、後にキヤノンの副会長となった田中宏《たなかひろし》さんなどが中心となって、これらの弱点を解消し、逆にわれわれの強みとするための技術開発を進めることになった。

最大の難関は、複写機の根本である画像の形成法に関して、いかにしてゼロックスの特許を逃げるか(=回避するか)にあったが、感光ドラムの表面に絶縁層を一枚かぶせることで、ゼロックスの特許に触れない複写方式を開発することができた。

キヤノンではこれを「NP方式」と名づけた。ゼロックスとは違う新しい画像形成方式である「ニュー・プロセス」という意味と、人に優しく人体を汚染しない「ノン・ポリュ一ション」という意味が込められていた。

## 特許とは「陣取り合戦」

NP方式の特許が公告になったのは一九六七年で、翌六八年にはその原理を公表した。NP方式による最初の普通紙コピー機「NP－1100」が発売されたのは、それから二年後の七〇年九月だった。

しかし、ゼロックスも黙っていなかった。すぐに「キヤノンの複写機を見せて欲しい」と言って技術者が来日すると、巧みな交渉術で入手できる限りの技術情報を持ち帰り、これをもとにNP方式の特許もカバーできるように自分たちの特許を修正してきたのだ。

これに対しキヤノンは、自分たちの技術の独自性を立証する実験を行なうとともに、逆にゼロックスの基本特許に網をかけるため、その周辺技術に関して、彼らの盲点《もうてん》を突いた特許を次々に生み出しては登録していった。その数、実に一五〇〇件以上。なかには私の開発した特許もかなり入っている。

　複写機の特許をめぐる両者のクレームと反論は七八年まで続いた。それこそゼロックスは、「踏み潰せ、キヤノン！」といって、みんなで実際にキヤノン製品を叩き壊すなど、敵意剝《む》き出しで向かってきた。しかし最後は、根負けする形で自ら「クロスライセンス」（＝特許の権利者がそれぞれの所有する特許を相互に許諾する契約）を申し入れてきた。

　特許は陣取りゲームであり、相手の基本特許の周辺技術をいかに押さえるかが勝負である。相手が技術的に新しい展開をしようと思っても、先回りしてそこに特許の網をかけておけば、もはや相手は身動きができない。

　その点、ゼロックスに大きな圧力となったのは、キヤノンの繰り出した「マイクロプロセッサーで複写機を制御する」という特許だった。キヤノンはパソコンによるオフィス機器の制御を予見して、そこを押さえてしまったのだ。

　こうなるとゼロックスは、複写機をはじめとするオフィスの事務用機器をパソコンでつないで制御しようと思ったら、キヤノンの特許を利用せざるを得なくなる。特許で次世代の技術的展開を押さえられてしまえば、もはや逃げようがないのだ。

追い詰められたゼロックスにとって、残された道はクロスライセンスを結ぶことしかなかったのである。

## 素晴らしい特許ほど、シンプルで美しい

ゼロックスとの特許戦争で忘れられないのは、陣取り合戦に勝利するために、ひたすら彼らの基本特許を勉強したことだ。

「究極の設計はシンプルで美しい」と前に述べたが、これは特許もまったく同じである。複雑な計算式の特許は一年もするとすぐに突破されて使いものにならなくなるが、簡単な計算式を使ったシンプルな特許ほど、つけ入る隙がなく逃げるのが難しい。

それは言ってみれば、「一＋一」は誰が何と言おうと「二」であり、それを突き崩すのは不可能なのに似ている。ゼロックスにはそういうシンプルでとてつもなく手ごわい基本特許が二〇件ほどあった。私はこれを、名機をデッドコピーするように丸暗記した。壁となっている特許に対抗するには、まず敵の正体を熟知する必要があるからだ。

それには優れた特許文書をまるまる覚えて、それをつくった人間の設計思想を理解する

に限る。そうすれば特許の全体像がはっきりとわかるようになり、どうすれば逃げられるのか、そのヒントが得やすくなるのだ。

特許の丸暗記の効用はもう一つある。優れた特許を覚えておけば、言葉の使い方や言い回しなど、それを真似ることで、ほかの人に利用されにくい、突破の難しい特許が書けるようになる。特許の「書き方」には著作権がない。現象はダメだが、書き方を真似しても盗作や著作権侵害にはならない。いい特許を覚えることは技術者必須の心得である。

何事もその道の一流のものには、学ぶべきことが多いということだ。

## 大きな技術開発には、最低一〇年かかる

複写機への参入ではトナーの粉体《ふんたい》技術の開発などで莫大な投資を必要とした。その資金調達に奔走したのが、後に三代目の社長となった賀来龍三郎《かくりゅうざぶろう》さんであった。

「俺は経理だから、お金を集めて、みなさん技術陣が次の仕事をやるのに困らないようにするのが仕事だ」

そう言って外貨建ての転換社債を発行するなどして必要なお金をかき集めてくれた。

複写機がものになるまでひたすら待ち続けた御手洗さんの我慢にも頭が下がる。大きな夢を掲げ、それに向かって邁進《まいしん》するのは、ある意味、簡単なのだ。難しいのは、なかなか成果が出ないとき、どれだけ辛抱できるかだ。キヤノンの複写機開発では、トップも開発も経理も、誰もが諦めずに夢を追い続けた。

ほんの端役《はやく》ではあったけれど、その執念の物語に技術者として参加できたことを私は今でも誇りに思っている。

ちなみにキヤノンの主要商品で研究開発のスタートから製品化に成功するまでに要した年数を見ると、複写機で一八年、レーザープリンターで二一年、AF（オートフォーカス）の一眼レフで二二年、BJ（バブルジェット）プリンターに至っては実に二六年もかかっている。四半世紀である。

会社の命運を分けるような新事業をものにするには最低でも一〇年はかかる。アイデアに技術革新や市場のニーズがついてこないことが多いからだ。

二〇年以上ともなれば、開発責任者は三人代わる。初代は「あんなもの始めて」とボロクソに貶《けな》され、二代目は「できるできると言ってちっともできやしない」と嘘つき呼ばわりされ、三代目でようやく時代の風が吹いてきて花が咲く——。そうやって三代かかってやっとものになるのだ。

これだけ開発に時間がかかると誰だって「大丈夫か?」と疑問を抱く。

そこでトップが、自ら掲げた夢に疑いを持ち、揺れてしまうと、たちまち全社的な求心力は失われてしまう。だから、ぶれてはいけない。かといって、夢の実現を焦って、結果を急《せ》いてもいけない。くれぐれも「任期中に」などという欲は出さないことだ。かえって大きな失敗を残すことになりかねない。

必要なのは、時機が来るのをひたすら耐えて待つ勇気、そして「執念」である。

## 退社覚悟の「一週間出社拒否事件」

あの人は企画書を上げても、ちっとも取り上げてくれない。企画のよさをまるで理解していない——。サラリーマンなら、誰でも身に覚えのある、典型的な愚痴である。

しかし、上司を無能と決めつける前に、果たして自分の企画書の出来はどうなのか、プレゼンテーションの能力はどうなのか、冷静に考えてみることも大事である。いくらいい企画でも相手にきちんと伝わらなければ、受け入れてもらえるはずがないからだ。

つまり、やりたいことをやるには、それをきちんと説明し、相手を納得させる必要があるのだ。実は私も、それがうまくできずに、一週間、出社拒否したことがある。あれは確か三〇代の半ば、すでに課長になっていたと思う。

当時私は、パソコンを核にして複写機やファックスなどのオフィス機器を結ぶシステム化の必要性を強く感じており、そのための組織づくりを会社に提案していた。

次世代のオフィス環境を考えたとき、そうした組織的対応を今のうちにしておかないと、他社に後れを取ると思ったからだ。

そこで五〇ページほどの提案書をまとめ、何度か会議に提出したのだが、これがちっとも通らない。上司から何度もダメ出しを食らう。今から思えば、私がどれだけ本気でその提案をやろうとしているのか、たぶん試していたのだと思う。

しかし、まだ若かったし、いい加減頭にも来たので、後先考えず、思わず、その上司に向かってこう啖呵《たんか》を切ってしまった。

「若い社員の提案を全否定するような会社では働けません。帰らせてもらいます」

そう言って本当に家に帰ってしまった。そして次の日から会社にも行かなくなった。

「こんな会社、辞めてやる!」。本気でそう思った。

すると一週間ほどして上司から電話があった。

「あの提案、やらせてやるから、いつまでも家にいないで、会社に出てこい」

これにはこちらが驚いた。まさか上司のほうから折れてくるとは思ってもいなかった。

その後、私の提案は、約束通り認められ、システムセンターという新しい部署が創設された。

## やりたい企画を通すための、五つの行動原則

この話を読んで、「そうか、そのくらい強く出ればいいのか。大事なのは押しの強さだな」と思った人がいるとしたら、それは少々短慮《たんりょ》にすぎる。

私は計算して憤然と席を立ったわけではない。「これだけ言ってもまだわからないのか!? だったらこんな会社にいても意味はない」と心底思っただけである。それが結果的に「会社を辞す覚悟で訴えた執念の提案」のようなかっこうになった。「そこまでやりたいならやらせてやろう」と上司の心を動かした。結果論なのである。

言ってみれば、瓢箪《ひょうたん》から駒のような話で、とてもお勧めできる話ではない。

ただし、一つ参考になるとしたら、それは一度や二度提案を蹴られたくらいで諦めないということである。何が何でもやりたいという執念を見せることだ。上司は必ずあなたの覚悟を見ている。それを上手にアピールすることを考えるといい。

具体的には、次の五つの点に注意するといいだろう。

**①趣旨を簡潔明瞭に述べる**

相手が納得するような企画書なり提案書を書くことである。その場合、カギを握るのは趣旨の明確化である。いったい自分は何をしたいのか、その目的をA4一枚以内、できれば五行から一〇行以内で簡潔に述べることだ。これが曖昧《あいまい》だと、なかなか提案は通らない。

**②日頃からの「信頼」を積み重ねる**

ふだんから仕事をきちんとこなして、「彼はなかなかできるな」と周囲から評価されることも大事である。日頃から評価の高い人間は、会議でも注目されやすく、意見も通りやすい。同じ企画内容でも、日頃の評判が芳《かんば》しくないと、「言うことだけは立派だが」とまともに聞いてはもらえない。日頃の仕事振りがいい加減な人間が、突然、会議でいい提案をしたって、聞き流されてしまうのが落ちである。

## ③「何が何でもやりたい」という執念を見せる

一度や二度却下されたくらいで諦めないことだ。一発で通る提案など滅多にあるものではない。上司が部下の提案を突き返す理由は主に二つある。一つは部下の覚悟を確かめるため。そしてもう一つは企画の内容をさらに詰めたものにさせるためである。大事なのは執念であり、それを上司も見ていると知るべきだ。

## ④人の意見を聞く

人の発言をちゃんと聞きもしないで、自分の意見ばかり言う人がいる。こういう人間に限って、会議の流れを無視して、みんなが「はあ？ お前、何を聞いていたんだ？」と思うような、とんちんかんなことを平気で言う。これでは無能と思われるだけで、まず意見は通らない。逆に、誰かの発言をきちんと受けた上で自分の意見を表明する人は、とても賢く見えるし、意見も通りやすい。

## ⑤会議を通して鍵を握る人物を知る

会議は人物情報の宝庫である。誰がどんな意見を持っているか、誰と誰が似たような意見の持ち主か、発言力の強い人は誰か、発言力のない人は誰か――。そうした人間模様がくっきりと浮かび上がる。役員も出席する会議で、部長をさしおいて課長の意見が通るようであれば、その人の発言力は相当なものであると考えてよい。自分のやりたいことを通そうと思ったら、実はその人に根回しするのがいちばんの近道だったりするのだ。

## そもそも、何のために会議をするのか？

ところで、会議は一体何のためにするのだろうか？

実はたいていの物事は知識と経験に勝る経営者、上司が判断して、トップダウンで部下に指示を出せばそれで済んでしまう。いちいち部下の意見を聞かなくても、正しい判断を迅速《じんそく》に下すことは可能なのだ。

もちろん、情報を共有するという意味で会議には一定の意味があるが、それだけが目的なら、わざわざ会議をしなくても、普段からコミュニケーションを密にすれば済む話だ。

キヤノン電子では立ち話ならぬ「立ち会議」を奨励している。ホワイトボードと、立って話をするのにちょうどいい高さにした机を各所に置いて、必要なことはそこで、さっと「立ち会議」をして済ますようにしている。この仕掛けのおかげで、何月何日何時から、という形での会議の回数と時間は大幅に削減された。

それでは会議は何のためにあるのか、というと、経営者や上司が思いつかないような新しい考え方、試みを部下から引き出すためにあるのだ。どんなに優れた経営者や上司であっても、いつまでも時代にキャッチアップできるものではない。知識、経験は力にはなるが、逆にそれが発想の固定化、硬直化を生むこともある。そして気づいたときには、時代から取り残された企業になってしまうのだ。

それを防いで、新しい考え方、力を見出し、会社の次の柱となる事業を見つけるためにこそ、会議はあるのだ。だから上司は自分の価値観だけをモノサシにして「そんなものはダメだ」と部下の意見を切り捨ててはいけない。とくに、人間は自分には理解できないものについては、頭から否定してしまいがちだが、理解できないことを判断するときこそ、部下の「執念」を見て、判断すればいいのだ。

執念を持って提案してくる若い社員と、その執念を評価し、失敗も覚悟して「やってみろ」と言える上司。この二つが揃わない会社に明るい未来はない。

## 「ひらめき」も執念から生まれる

二〇〇〇年、〇二年に白川英樹《しらかわひでき》さんと田中耕一《たなかこういち》さんが、ノーベル化学賞を受賞した。ともに実験の過程で、混ぜるものを間違えたら、思わぬ大発見につながったと話題になった。

こうした偶然の発見を「セレンディピティ（Serendipity）」というが、もちろんそれは「棚からぼた餅」のように労せずして手に入るわけではない。

「答えを見つけたい。でも、どうしてもわからない。どうすればいいんだろう。何かヒントはないだろうか？」――。そういう問いを、四六時中、自分に課して、それこそ夢の中でさえ答えを求めているからこそ、偶然の発見も起こるのだ。

アイザック・ニュートンが「万有引力（＝重力）」を発見するヒントになったという「リンゴの逸話」にしてもそうだ。

ニュートンは「どんなものにもお互いに引き合う力（＝引力）があるのではないか？」と来る日も来る日も考え続けたからこそ、リンゴの落下でさえヒントとなり、万有引力の法則をひらめいたのだ。

ちなみにニュートンのリンゴは「ケントの花（Flower of Kent）」という落果しやすい品種で、その子孫は接《つ》ぎ木《き》されて世界中に広まり、日本でも東京・文京区の小石川《こいしかわ》植物園などで見ることができる。

もっともヒントになったのは、リンゴではなく、実はトイレだったとする説もある。ニュートンがトイレで用を足していたときに「うん？」ときたというのである。私は案外それが本当なのではないかと思っている。

中国は宋《そう》の時代の文学者であり政治家でもあった欧陽脩《おうようしゅう》という人は、文章をひねったり、アイデアを練るには「馬上、枕上《ちんじょう》、厠上《しじょう》」の「三上《さんじょう》」に限ると言っている。

馬上は馬に乗っているとき、枕上は横になっているとき、厠上はトイレ（厠《かわや》）で用を足しているときという意味だ。馬上は現代であれば、車や電車に乗っているときと置き換えることができるだろう。いずれも自分だけの自由な時間であり空間である。人はそうした環境にあるとき、いいひらめきを得やすいというのだ。これは確かに一理ある。

ニュートンのトイレ説に俄然肩入れしたくなるではないか。

## 「頭の真ん中」に仕事を置いた生活とは

「才能とは持続する情熱である」（モーパッサン）。だから、いい仕事をしようと思ったら、二四時間、頭の真ん中に仕事を置くことだ。

大ヒット商品の企画誕生秘話などを読むと、「ある日、何かの拍子にふと思いついた」などと書かれていることが多いが、それも二四時間、自分のテーマを頭の真ん中に置いて生活し、いつも素直な心で物事を見るようにしたからこそのひらめきなのだ。

だから、とくに開発部門などは、いつも自分のテーマを頭のど真ん中に置いて、絶えず脳に適度な緊張感を与えるべきである。開発という仕事は一日でも頭のなかから仕事を取り去ってしまうと、たちまち怠け癖がついて脳は退化を始める。たとえば、「今一つ、これがうまくいかない」という阻害要因があるなら、その解決策を二四時間考え続けなければいけない。

すると思わぬときに――そう、たとえば本を読んだり、道を歩いたり、お風呂に入ったりしているときに、「ひょっとすると、あれが使えるんじゃないか」と突如としていいアイデアがポンッと浮かんできたりするのである。

「会社を一歩出たら仕事のことは忘れる」というのでは、そうしたひらめきは期待できない。オンとオフの切り替えは大事だが、酒を飲んでも麻雀をしても仕事のことを消去してしまってはいけない。いつも頭の真ん中に置いておくべきだ。

それを習慣づければ、二四時間アンテナを張るのが当たり前になり、仕事が気になって楽しめないなどということはなくなる。ゴルフだって、ドライブだって、普通にちゃんと楽しめる。

ちなみに私の場合は、展示会や内覧会などの各種のショーに行ったとき、「あ、そうか」とひらめきを得ることが多い。

たとえば、アール（曲線・曲面）の形状の部品をつくる場合、それまではゆっくり曲げて加工することしか考えていなかったのに、あるとき何かのショーでプレスを使ってガチャンとプレス加工すれば、簡単にアール形状ができるのを知って、卒倒するほど驚いたことがある。

まさに目からうろこが落ちるとはこのことだと思った。おかげで、曲げ加工をプレス加工に切り替えることで、大幅なコスト削減を実現できた。

展示会などの各種のショーには、そういう大発見がゴロゴロしている。だからキヤノン電子の社員には「ショーに行きなさい」といつもしつこく言っている。

とくにメーカーが単独で自社技術を展示、公開するプライベートショーはお勧めである。自社の総力をあげてアピールするイベントなので刺激も多いし、ヒントも見つけやすい。

気になることがあれば、とことん話を聞いて、自分のテーマに役立てるといい。

## 優れた発想の源泉になるもの

技術というのは、一つひとつで考えると新鮮味はないが、上手に組み合わせてやると、あっと驚くような新技術ができる。

偉大な発明の多くは、たいてい既存の技術の組み合わせによってできている。エジソンの電球にしてもそれ自体はすでにあったもので、要はフィラメントに竹（京都の竹）を使って寿命を延ばしたところがミソだった。

ただし、言うは易しで、この組み合わせの妙というのは恐ろしく難しい。というのも絶妙な組み合わせを見つけるには、そうした独創的な発想や判断の裏付けになる幅広い知識や教養が必要になるからだ。

たとえば、一流の料理人たちが新メニューを考える場合にしても、食材そのものに新種の野菜とか魚介類を求めるなんてことは通常不可能である。既存の食材と調味料と料理法を、独自の発想と判断で組み合わせ、斬新《ざんしん》で魅力的な新メニューをつくるのである。

その場合の発想や判断は、自分の常識の範囲でしかできない。常識こそが発想や判断の基準である。そしてその常識は、自分が身につけた知識や教養の総量を超えることはない。つまり何かを発想したり判断したりする力というのは、自分の常識の幅や深さ（＝知識や教養の総量）で決まるのである。

二四時間、頭の真ん中に仕事を置いて考え続けるのは絶対的に必要なことだ。しかし、それだけで突如としてセレンディピティ（偶然の発見）があるわけではない。幅広い知識や教養も身につけていかないと、いい発想は得られないし、適切な判断も下せないのだ。

そうやって脳に栄養を補給しながら二四時間仕事のことを考えて初めて、何かの拍子に「あ、これだ！」という偶然の発見があるのだ。

では幅広い知識や教養を身につけるにはどうすればいいか。

結論から言う。妙手《みょうしゅ》はない。本を読んだり、音楽を聴いたり、絵画に親しんだり、最先端の技術に触れるなどして、地道にこつこつと幅広く知識や教養の深掘りをするしかない。

そうした努力の結果として、脳が鍛えられ、それまでの常識や固定観念がひっくり返ったり、知の体系が組み直されたりするのである。それが、ものの見方を変え、発想を新たにし、それまでとは違う気づきやひらめきや予測を生むのだ。

つまり、知識や教養の深掘りなくして、セレンディピティもないのである。

## 漫画で笑えなくなったら脳が硬化した証拠

私は栃木《とちぎ》の出身で、かつて足尾《あしお》鉱毒事件のあった渡良瀬《わたらせ》川の上流近くで育った。土地柄、自分を犠牲にして日本最初の公害事件に立ち向かった義人・田中正造翁《たなかしょうぞうおう》を尊敬する人が多く、私の両親もそうだった。ことあるごとに「田中正造さんのような人間になれ」と言われ、繰り返し翁の伝記を読まされた。私の倫理観の根っこはそこにある。

とにかくよく「本を読め」と言う両親だった。おかげで小さい頃から本好きになった。志賀直哉《しがなおや》の『清兵衛《せいべえ》と瓢簞《ひょうたん》』、尾崎紅葉《おざきこうよう》の『金色夜叉《こんじきやしゃ》』、芥川龍之介《あくたがわりゅうのすけ》の『杜子春《とししゅん》』『蜘蛛《くも》の糸《いと》』などは、今でも内容をすらすら言えるほど繰り返し読んだ。田山花袋《たやまかたい》の『田舎教師』を読んで、作中に登場する場所を全部訪ねたこともある。

もっとも小説より先に熱中したのは漫画で、手塚治虫《てづかおさむ》や山川惣治《やまかわそうじ》、小松崎茂《こまつざきしげる》などをむさぼり読んでは、一生懸命真似して描いたクチである。少年雑誌に投稿して何度か掲載されたりもした。漫画家を夢見たこともあったが、高校に入ってすぐ、「絵にしろ、ストーリーにしろ、やはりプロにはかなわない。所詮《しょせん》オレのは物真似だ」と悟り、諦《あきら》めた。

本当は優れた作品を徹底的に真似した先に独創性は生まれるのだが、当時はそんなことなど知る由《よし》もなく、ちょっとした挫折《ざせつ》感を味わったものだ。

私は小学生の頃から水彩画をやっていて、いろいろな展覧会でけっこう表彰されたりしていた。それで漫画を描いたりもしたのだ。

今から思えば、あのとき誰かが「もっと頑張れ」と背中を押してくれたら、また違った道もあったかもしれないが、当時は今と違って漫画は毛嫌いされていたから、漫画家を目指すとなったらどのみち勘当《かんどう》覚悟だったろう。

家で漫画を読んでるのが見つかると、こっぴどく叱られた挙句《あげく》、漫画を取り上げられ、ゴミ箱に捨てられた。だから本屋でよく立ち読みした。長居をすると店主にハタキでそこらをパタパタされるから、嫌でも速く読む。以来、小説なども速く読むのが癖になった。

プロになるのは諦めたが、その後も漫画は好きで今も読み続けている。キヤノンで開発の仕事をやっていた頃は、「漫画が面白いと思って読めなくなったら脳が柔軟性をなくして硬化している証拠だ」と言って、『少年ジャンプ』（集英社）や『少年マガジン』（講談社）など毎週一〇誌ほどの漫画雑誌を買っては部下にも読ませていた。

今でも『ビッグコミックオリジナル』（小学館）など数誌は毎号欠かさず読んでいるし、テレビのアニメも『名探偵コナン』（日本テレビ系）のようにお気に入りの番組は時間があれば必ず見るようにしている。

漫画を馬鹿にして毛嫌いする人はいまだに多いが、漫画だってけっこう勉強になるのだ。だから私は孫にもよく漫画を買ってやる。漫画で活字に興味を覚え、小説とか伝記とか本格的な本の世界へ入っていけばいいのだ。実際、私もそうだった。

そして小説であれば、古今東西の名作は、教養というより常識と考えて可能な限り読むよう教えてあげることである。

## 酒と愚痴で退化した脳を活性化する方法

仕事帰りに同僚と一杯やって会社の愚痴をぶちまける――。よくある光景だ。サラリーマンである以上、飲みニュケーションは大事である。その効用ももちろん認めよう。

しかし、そうやって酒を飲んで愚痴ばかり言っていると、脳は活力を失い、退化してしまう。だから三日にあげず飲み歩いているような人は、少しアルコールを控えるようにして、週に二日でも三日でもいいから、本を読んだり、音楽を聴いたり、映画を観たり、絵画を観たりして、もっと脳においしい栄養、心地よい刺激を与えてやったほうがいい。

欧陽脩の「三上」ではないけれど、そうやって家と会社以外に自分だけの時間や空間を持つようにすれば、脳は必ず活性化する。何も「どこかにアパートでも借りて秘密の隠れ家を持ちなさい」などと言っているのではない。

自分だけの時間や空間とは、実質的なそれであればいいのであって、雑踏のなかだろうが、車や電車のなかだろうが、映画館や美術館のなかだろうが、自分が一人だと感じられれば、それでいいのである。

そしてどうせ一人になるなら、脳に栄養を与えて、元気になってもらうほうがいい。それには本とか絵とか音楽とか知的な刺激がいちばんだ。そういう時間や空間を意識的につくり、脳を鍛えるのである。

たとえば、音楽であれば、プロではないから譜面が浮かんでくるわけではないが、素人なりに必ず何かを感じて、イメージする。突然、雪の降るさまを思い描いたり、設計のアイデアが浮かんできたりする。そうした経験を何度も私はしている。

酒と愚痴で脳が退化し始めている人は、騙《だま》されたと思って、早速、明日にでも近くの美術館に絵の一枚も観に行ってみることだ。

滅多に経験しない刺激を受けて、脳が喜ぶのがわかるはずだから。

## ドイツで、凍結した川面に身投げを考えた

ドイツを代表するお祭りにミュンヘンの「オクトーバーフェスト」がある。毎年九月から十月にかけて行なわれる世界最大のビール祭りだ。

会場となるミュンヘン中央駅近くの広大な広場は「テレージエンヴィーゼ（テレーゼの

草原)」と呼ばれ、五〇〇〇人前後も収容可能な巨大テントが十数個並ぶ。例年六〇〇万人もの人が訪れ、マースと呼ばれる一リットルのジョッキを片手に「プロースト!(乾杯!)」のかけ声とともに大宴会を繰り広げる。

そんな陽気な祭り会場も冬ともなれば、雪と氷の世界へと一変する。ミュンヘンの冬の寒さは厳しく、氷点下十五度にもなる。

三〇年ほど前の年の瀬、私はこの街にいた。忘れもしない。雪の降りしきるクリスマス休暇を控えたある日の午後だった。大雪のなか、彷徨《さまよ》うようにテレージエンヴィーゼを抜け、イザール川(ドナウの支流)にかかる橋の上まで来た私は、凍結した川面に虚《うつ》ろな目をやると、一瞬、落ちていく自分をイメージした。

「痛いだろうな……。氷は割れるだろうか……?」

結局、身を投げることはなかったが、「いっそ死んでしまおうか」と思ったのは本当である。それは、今振り返っても気が重くなる、まさに人生最大のピンチだった。

## 私にとっての「シーメンス事件」

私をそこまで追い詰めたのは、シーメンスだった。

シーメンスは、ミュンヘンに本社を置く世界的な電気機器メーカーである。日本への進出は驚くほど古く、江戸末期には早くも幕府に電信機を納入している。また大正時代には軍需品の納入を巡って海軍高官への贈賄《ぞうわい》事件（「シーメンス事件」）を起こし、当時の山本《やまもと》権兵衛《ごんべえ》内閣を総辞職に追い込んだこともある。

そのシーメンスに、私はとんだ目にあわされたのだ。事の顚末《てんまつ》はこうである。

一九七〇年代の半ば、旧西ドイツのブンデスポスト（国営郵政・通信公社）が、国内のある地域でデジタル回線を試験的に導入することになった。キヤノンは、そのための通信端末の売り込みに首尾よく成功した。私はこの交渉、プロジェクトの責任者としてドイツに赴いていたのだ。

しかし、一つだけやっかいな問題があった。キヤノンは外国企業であることから秘密保持を理由に端末機器に必要な「プロトコル」（通信手順、通信規約）をブンデスポストが開示してくれなかったのだ。

情報開示してくれれば、自分たちで部品はつくれるが、無理となれば、ドイツ企業と組んで供給してもらうしかない。そこでシーメンスと交渉したところ、「わかった、供給してやろう」という話になったのである。

ただし、それはあくまで口約束だった。いざ正式契約という段になって、突如としてシーメンスは、「部品を供給するなんて一言も言ってない。もし供給して欲しいなら、ブンデスポストに納入する通信端末を全部うちに寄こせ。うちを通してブンデスポストに売るから。それが嫌なら部品は売らない」と態度を一変させたのである。

要するに、「キヤノンへの部品供給だけでは面白くない。この際、もっといい商売にしなけりゃ損だ」と欲の皮を突っ張らせたのだ。

しかし、こっちにしたら、そんな条件など飲めるはずがない。約束を反故《ほご》にされたうえに相手のいいようにキヤノンが使われたのではたまったものではない。

当然、私は、「それはおかしい。話が違う！」と食い下がった。しかし、それを証拠付ける何らかの文書があるわけではないから、いくら言っても相手は知らん顔だ。

正直、やられた、と思った。大事な話し合いの内容を互いに文書にしてサイン入りで残そうともしない私の拙《つたな》い交渉の仕方を見て、「あの男なら与《くみ》しやすい」と思ったのだろう。要するになめられたのである。

それがわかっただけに余計に悔しかった。と同時に「これはたいへんなことになった……。会社に何と報告すればいいんだろう……」と真っ青になった。

部品が供給されなければ、ブンデスポストに端末が納入できない。約束違反、契約不履《ふり》行《こう》である。キヤノンの信用は失墜し、複写機から何から二度とブンデスポストは買ってくれないだろう。いや、ブンデスポストだけではない。ドイツはもとより世界中の官公庁から閉め出しを食うかもしれない。

シーメンスの本社からどうやってイザール川の橋の上まで行ったのか、今となってはよく覚えていない。ただテレージエンヴィーゼのあたりを歩いたことだけは憶えている。激しく舞い落ちる雪のなか、いったいどれほどイザール川の橋の上にいたのだろう。ふと気がつくと体は冷凍室のバナナみたいにガチガチに硬くなっていた。凍結した川面に身を躍らせるには、あまりにもその日のミュンヘンは寒すぎたのかもしれない。

気を取り直してホテルの部屋に戻ったときはもうすっかりあたりは暗くなっていた。食事も取らず、眠れない夜を過ごした。翌朝、ベッドに腰掛け、覚悟を決めた。

「このままでは日本に帰れない。死ぬ気でぶつかろう」

## 「もう切腹しかない」――執念の交渉術

シーメンスの本社を訪ねると、静かに、しかし厳しい口調でこう切り出した。

「私は日本に帰ったら責任を取らないといけない。今度のような場合の責任の取り方は日本では二つしかない。自ら会社を辞めてそれでよしとするか、それでは自分が許せないとサムライの切腹のように自ら命を絶つかだ。私は後者を選ぶだろう」

私の通訳は険しい顔で、それをシーメンスの交渉担当者にぶつけた。

彼はドイツ在住の日本人通訳で、例の「売ってやる」との約束を通訳したのも彼だった。それを「そんなことは言っていない」と知らん顔をされた。

ドイツが好きで言葉を覚え、通訳として生活の拠点までかの地に移した彼にとって、それはキヤノンのみならず彼自身への裏切りとも映ったのだろう。義憤にかられた彼のドイツ語は、ただでさえ語調の強い言語をいっそう激しいものに変えていた。

担当者の顔色がみるみる変わるのがわかった。私はさらに続けた。

「ドイツ人というのはルールに厳しく約束を絶対に守る人たちだと思っていた。だから信用した。しかしそれは間違いだった。日本に帰ったら私は真っ先に子供に言うだろう。ドイツ人は約束を守らない。信用するなと。ドイツ人を信頼してきた日本人の一人として残念でならない」

それだけ言うと、「私はこれで日本に帰る」と席を立った。

その刹那《せつな》、シーメンスの担当者が、「ちょっと待ってくれ」と私を制した。そして急いで部屋を出ると、間もなく上司を伴い戻ってきた。

何事かと思ったが、その上司の言葉を聞いて、さらに驚いた。

「今回のことはわれわれにも落ち度があったかもしれない。あなたの熱意に負けた。端末をうちを通してブンデスポストに売るという件は取り止めて、部品を供給しよう」

なんと、そう言うのだ。「供給してやる」と言ったことについては最後まで認めなかったが、結局、当初の約束通り、部品は売ってもらえることになった。

「やった」と思った。「これで会社に迷惑をかけずに済む。救われた」――。今に至るも、あのときほど心の底から安堵《あんど》したことはない。

シーメンスの交渉担当者は、たぶん思ったのだ。「この男は命を捨ててかかっている」

と。そう思ったら、さすがに見殺しにはできない。少なくとも本人は、口約束とはいえ、一度は「供給する」と私に言ったのだ。後ろめたさはあったはずだ。

おそらく「供給する」と言ったら、上司に反対されたのだと思う。それで前言を翻《ひるがえ》し、約束を反故《ほご》にした。ところが、私が日本へ帰って腹を切ると言い出したものだから、驚いたのだろう。

「ドイツ人は約束を守らない。信用できない」、そう言われたのもかなりこたえたと思う。サムライの気迫で人間性を問われ、誇り高きゲルマン魂がうずいたか、私を可哀想と思ったのか定かではないが、とにかくそれで慌てて上司と相談し、考えを改めてくれたのである。

ブラフ（脅し）のつもりで「腹を切る」と言ったわけではないが、結果的には捨て身の一言が土壇場で大逆転を呼び込むかっこうになった。

もしあのまま部品供給が得られなかったら、日本へ帰ってすぐに会社を辞めていたと思う。たぶん死にはしなかっただろうが、会社は辞めざるを得なかっただろう。会社は失敗を許す気風だから、おそらく止めたと思うが、それでは自分の気が済まなかったと思う。

まだ三〇代だったが、会社から任されて交渉に行ったわけだし、上司にも自信満々で

「大丈夫、シーメンスは売ってくれます」と説明していた。だから、会社も信用して最後まで私に交渉を任せてくれたのだ。

だが実際は、自信の裏づけとなるべき担保は何もなかった。ただの口約束はお互いが自分に都合の良いように思い込むことが多い。勝手に信じ込んでシーメンスは売ってくれると安心しきっていたのだ。つくづく甘かったのである。

これを教訓にして、以後の交渉では、約束したことを必ず文章にして双方がサインをするようにした。交渉相手の言語に堪能な人間に議事録をとらせ、「これでいいですね」と確認を求め、必要があれば、お互い修正を行ない、双方納得の上でサインをする――。

実際にはそれでも約束を守らない相手もいるから――たとえば契約書という概念のない国の人などは文書があっても平気で約束を反故にする――これで万全とは言えないが、それでも最低限、これだけの担保はとっておかないと、交渉事はどうにもならない。

後にも先にも身投げを考えるほど追い詰められたのは、あれ一回きりだが、交渉事の厳しさを身をもって知ったという意味では、いい経験になった。

生涯忘れられない痛恨事であり、教訓であった。

しかし、その後シーメンスとは、電話交換機、通信機等で開発・販売を共に行なうという、本当に良い関係になった。長くつき合うほど、シーメンスの方々の優秀さ、誠実さを知ることとなり、感動したものである。

私がオペラ大好き人間になったのも、シーメンスの方々がオペラ鑑賞に何度も連れて行ってくれたおかげである。

そのほか、ドイツでは次のようなことを学んだ。

ドイツ・ブンデスポストに売り込みに何度となく通ううちに、ブンデスポストの要職にある方に、「あなた方のハードに対する技術レベルの高さは十分に理解しております。次回からお会いするときは、ドイツのどこでも良いから観光してきて、その見てきた場所の感想から話してください」と言われた。「その理由は第一に、あなた方には〝ゆとり〟が感じられない。第二にドイツでものを売るなら、ドイツに合うソフトを充実する必要があります。そのためには、ドイツのいろいろな人、場所に接することです」と諭《さと》されたことが、今でも記憶に残っている。

諭されたその帰りに、すぐ実行とばかり、ライン川のローレライ（ライン川中流にそびえる高さ一三二メートルの奇岩。その岩上には美しい歌で舟人を誘惑して破滅させる魔女がいるという伝説がある）を見に行った。結果として上司との食事の約束に二時間ほど遅れて大目玉を食らったが。

このアドバイスのおかげで、その要職の方と会って報告するのが楽しくなり、よく仕事の話をし忘れて帰ってきたものである。

# 3章　失敗とのつき合い方

## ——不遇なとき「言い訳」をしない

## 上司が無能なとき、どうするか？

私はエリートではなかったので、キヤノンではずいぶんいろいろな部署を経験させてもらった。赤字のところが多かったが、その分、思い切った提案ができたし、それが認められ、会社に貢献できたときは、黒字の部署では味わえない充実感、達成感が得られた。

もっとも赤字部署でありながら、私の提案に対して、「失敗したらどうする!?」と、まるで黒字部署の出来の悪い管理職みたいな台詞《せりふ》を吐く上司もいた。

黒字の部署は最低でも現状維持が当たり前で、少しくらい業績を伸ばしたところで褒めてはもらえない。「もともとよかったんだから」で片付けられてしまう。逆に少しでも業績を落とそうものなら、「何やってるんだ」とたちまち批判を浴びかねない。

このため黒字部署の管理職は守りに入りがちだ。部下から何か提案が上がってきても、「業績がいいのに何もいじることはない。失敗したらえらいことだ」と考え、なかなか認めたがらない。これは人間心理を考えれば、わからなくもないが、それを赤字の部署でやられると、「おいおい、悪い冗談はやめてくれ」と言いたくなる。

ジリ貧の赤字部署は、放っておけば悪くなることはあっても、よくなることはない。だったら何とか動いたほうがいい。

もともと赤字なのだから、たとえ改革に失敗しても大目に見てもらえるし、首尾よく赤字の削減に成功すれば、「あのボロ部署をよく立て直したもんだ」と喝采《かっさい》を浴びるに違いない。どっちに転んでもやって損はないのだ。

にもかかわらず、「そんなことはやらなくていい」という管理職がいる。まったく困ったもので、かつて、私もそんな上司に何度もついたことがある。

そのとき私は、どうしたか？

「この人は何もする気がないんだな。だったら何を言っても無駄だ」と悟り、言われたことだけやって、それ以上のことはしないようにした。そして残業などはなるべく避けてさっさと家に帰り、「次にくるのはこの分野のこのテーマだろう」とあたりをつけ、せっせと自分の勉強に励んだ。

「仕事は言われた以上のことをすることで面白くなる」と前に述べたが、それは上司の理解あってのことだ。いくら「これは自分の仕事だ」と思って、言われた以上のことをやっても、それが理解できない上司では報われないし、やるだけ無駄である。

わからないだけならまだしも、「何を余計なことをやってるんだ。お前は言われたことだけやってればいいんだ」などと部下のやる気をぺしゃんこに踏みつけるような上司ではもはやお手上げである。馬鹿につける薬はない。そこで、「どうしてですか！」などとぶつかっても疲れるだけだ。

不幸にもこの手の無能な上司についてしまった場合は、その人物のレベルに合わせて適当に働くようにして、残りのエネルギーは次なる飛躍のための勉強に振り向けることだ。英語力が不足していると思えば、スクールに通うのもいいし、技術者であれば、次世代の中心テーマをじっくり勉強し、力を蓄えるのがいいだろう。私はそうした。

「とんでもない馬鹿な上司についちまったよ……」と嘆くのはいいが、それを言い訳にサボってばかりいたのでは、その上司と同じように部下を潰し、会社にぶら下がるだけのダメ社員になってしまう。

適当に働きつつも自分のための勉強はしっかりやっておく。そうやって上司や自分の異動などで次にチャンスが巡ってきたとき、思う存分働けるように備えておくのだ。そのとき自分自身が使い物にならなかったら話にならない。

もし、今あなたが不遇を託《かこ》っているなら、臥薪嘗胆《がしんしょうたん》、雌伏《しふく》のときと考え、今こそ自分を磨くことである。

## 激流に襲われたら、一度岸に上がれ

どんな仕事でもそうだが、ある程度成長してくると、どこかで必ず壁にぶつかる。

しかし、これはたいした問題ではない。もっと勉強するなり、経験を積むなり、誰かの助言をもらうなりして、さらなる努力を惜しまなければ、必ずその壁は乗り越えられる。

やっかいなのは、自分の努力ではどうにもならない「理不尽な壁」にぶち当たったときだ。よくあるのは、トップの交代などで会社の方針が急に変わって、それまで進めていた開発プロジェクトなどが、突如中止になるようなケースだ。

「あれはやらないことになったから」――。ある日突然、上司からそんなことを言われたら、「今までの苦労は何だったんだ!?」と誰だって腹が立つし、やりきれない。

しかし、だからといって、「そんな馬鹿なことがありますか!? 部長、悔しくないんですか!」などとカッとなって上司に嚙み付いたところでどうなるものでもない。やりきれないのは上司も同じだ。

入れ込むばかりが能ではない。まずは冷静になって会社の方針を受け入れることだ。その上で方針変更の理由を探り、対策を練ることである。会社の言いなりになって諦めるのではない。陣形を立て直すために一度撤収《てっしゅう》し、戦線を後ろに下げるのである。

会社が方針変更するにはそれなりの理由がある。それがたとえば技術的なことであれば、それを解消すべく努力し、解決した段階で、「技術的な問題はなくなりました。もう一度ぜひやらせて下さい」と再チャレンジをアピールすればいい。

組織にはいろいろな問題が複雑に絡んでいる場合も少なくない。変に事を荒立てれば、中止の決定など方針変更に強く動いた人物、あるいはグループにかえって攻撃の機会を与えることになり、いよいよ事態は悪い方向へ進みかねない。というのも彼らは相手を叩くための材料をほかにも持っている可能性があるからだ。下手に食ってかかれば、逆に強力に反撃されるからである。

だから、こういう場合は、とにかく一度熱を冷まして、まずは会社の方針変更（＝相手方の言い分）を受け入れることだ。その上で彼らが方針変更の根拠としている事柄を客観的に分析し、それをクリアするための戦略を練り直すのである。

それにはひとまず襲い来る激流から逃れることだ。渦巻く流れのただ中でもがいたところで翻弄《ほんろう》されるばかりだ。岸へ上がって押し寄せる奔流を冷静な視線で眺めてみるといい。自分たちを襲った激流の原因が必ず見えてくるはずだ。

## 手柄を譲れば、たいていの人間は協力的になる

私は上司に噛み付いてばかりいたので、「会社の方針変更には楯突《たてつ》かない、いったん後方へ撤収する」などと言うと、「酒巻さんがですか!?」と意外に思う人が多いようだ。

しかし、勝ち目のない戦《いくさ》はやるだけ無駄である。無闇にぶつかったところで何の益もない。それより一度引いて態勢を立て直すほうがはるかに勝機を見出しやすい。そう言えば、ある役員にプロジェクトを中止に追い込まれたことがある。「開発のスピードが遅すぎる。これでは他社に勝てない」というのが理由だった。

私は潔《いさぎよ》く引き下がると、その人が指摘した点をじっくり検討してみた。その結果、技術を優先するあまり、顧客のニーズを置き去りにしていることがわかった。

そこで、独自技術の追求と顧客の望むものとの折り合いをつけることで、他社の開発サイクルに対抗できるという確信を得た。私は役員に言った。

「先般は貴重なご指摘ありがとうございました。われわれも入れ込みすぎて視野が狭くなっていたようです。開発が中止になり、あのテーマを離れたおかげで、逆に問題の所在と解決方法がはっきりしました。ご指摘の点はすべて解決できます。これも○○さんのおかげです。どうか今一度挑戦する機会を与えていただけませんか」

その役員は、私がそう言うと、「そうか。そういうことなら」とプロジェクトの再開に同意してくれた。その役員にしてみれば、「オレが問題点を指摘したから解決の道筋がはっきりとしたのだ」と言えるし、首尾よくプロジェクトが成功すれば、自分の考えが良かったのだと思えるからだ。

自分の成果になると思えば、反対する理由はどこにもない。これでたいていの人間は味方になる。

成果は譲ってやればいい。名より実を取ればいいのである。

## 成果主義のいちばんの弊害《へいがい》

自分のために働くとは、仕事を通じて自分を高めること、自己実現をはかることである。だから、自分のために働く人は、努力を厭《いと》わないし、進んで勉強もする。チャレンジすることにも積極的だ。

ところが近頃は、「自分のために働いている」と言いながら、あまり勉強もしないし、チャレンジもしない若者が増えているような気がする。

これは一九九〇年代半ば以降、急速に広まった成果主義の弊害ではないかと思う。日本の企業社会は、もともと減点主義だったが、成果主義の導入でそれがいっそう強まった。チャレンジして失敗した者より、何もしないで成功もしないが失敗もしない者のほうが報われるようなおかしな人事がまかり通っている。

このため極度に減点を恐れ、チャレンジしない者が増えているのではないか。チャレンジしないなら、努力も勉強も必要ない。そして、ひたすら失敗しないように、減点されないように、保身と出世のことだけ考えて働くようになる。

それは本来的な意味で自分のために働いているのではなく、低次元な自分の利益のためだけに働いているにすぎない。人間的な成長などそこにはありはしない。会社にぶら下がるだけのこういう社員をつくるのは、経営者の責任である。

## 失敗を責めたら、死人が出かねない

キヤノンはグループ企業も含めて失敗には寛容である。自分で考え、主体的に動いた結果の失敗であれば、基本的に怒られることはないし、責任も問われない。

だから自分のために思い切ったチャレンジができる。これは初代社長の御手洗さんが種を蒔《ま》き、育ててきたキヤノンのよき伝統であり、文化である。

ただし、こうした伝統や文化は、何もしないでもそのまま維持されるわけではない。

キヤノン時代に、部下の設計ミスから大量の不良が出たことがあった。役員会議でこれが槍玉《やりだま》に上がり、「あの設計者はダメだ」とみんなが口を極めて非難した。

私は、我慢ならず、「ダメなのはあんたがたのほうでしょう!」と噛み付いた。

「いい加減な仕事でミスをしたなら責められるべきだが、そうではない。一生懸命取り組んだ結果のミスを責めたら、誰も新しいことや難しいことに挑戦しなくなる。そうなったらキヤノンはおしまいだ。それでもいいのですか!」

ミスをした設計者は、責任を感じ、ひどく落ち込んでいた。それこそ、放っておけば、自殺しかねないほど憔悴《しょうすい》し切っていた。

不良が出て責任を感じない技術者などいない。責任感の強い真面目な人間ほど、自分を責めて悩み苦しむ。それを「たいへんなことをしてくれたな」と責めたら、誰もチャレンジなどしなくなる。それこそ自殺に追いやりかねないのだ。

だから私は、彼をかばうとともにキヤノンの開発力（＝独自技術への強いこだわり）を守るためにあえて諫言《かんげん》に及んだ。保身と出世を考えれば、何も役員相手に喧嘩を売ることもないのだが、私の信念、生き方がそれを許さなかった。

よき伝統や文化は、組織としてそれを守ろうとする強い意志がないと、あっという間に失われてしまう。その意味でもトップや経営陣の責任はとてつもなく重いのである。

## 失敗した人間を慰めない理由

私はキヤノンで部下を持つようになって以来、一つ心がけていることがある。

それは「失敗した人間にはすぐに次のテーマを与える」ということだ。それもなるべく成功しやすい課題を与えて、「ほら、できるじゃないか」「お前、やっぱり凄いな」と自信を取り戻させるようにしている。

失敗の直後に自信回復、名誉挽回のチャンスをやれば、痛手を引きずることなく、すぐにまた新しい挑戦に踏み出せるようになる。

部下が失敗したときは、こうした気遣いが絶対に必要である。うまくチャンスを与えて、自力で立ち直れるように導くのだ。「馬鹿、何やってんだ」と叱りつけたのでは部下は育たない。人は失敗しながら成長するのである。

ただし、相手によっては多少のテクニックも必要になる。

たとえば、一度失敗すると「オレはもうダメだ」とひどく落ち込んでしまい、なかなか立ち直れない社員がいる。生真面目で気持ちの切り替えが苦手なタイプに多い。

あなたが管理職で、こういう社員を部下に持ったら、下手に慰めないことだ。

失敗して落ち込んでいるのを見ると、つい、「こういうこともあるさ。あまり気にしないことだ」などと慰めたくなるが、言われたほうは、「ああ、やっぱりおれはダメだ……」とかえって惨めな気持ちになってさらに落ち込んでしまう恐れがある。

慰めというのは、こちらの意に反して、しばしば相手をより深く傷つける。

だから私は、基本的に慰めの言葉はかけない。それよりも多少荒療治だが、少々きつい言葉も交えながら、叱咤《しった》するようにしている。

そう、たとえばこんな具合に――。

「お前に力がないから失敗したんだ。力があれば、失敗なんかしてない。お前は落ち込むほど凄いのか、優秀なのか。自分を過大評価するのもいい加減にしろ。いつまでも落ち込んでる暇があったら、もっと勉強して力をつけろ。そしてまた挑戦してみろ。それで失敗したら、また勉強すればいいんだ。失敗にびびるな。お前のような若い社員の失敗なら、会社の損害だってたかが知れている。何度でも堂々と失敗してみろ」

そうやって、しおれた自尊心を刺激してやれば、たいていの人間は「何クソ！」と立ち直るものである。そうしたら、すぐに次のテーマを与えてやるのだ。それもなるべく成功しやすいものを。

ただし、なかには些細《ささい》な一言も自殺の引き金になりかねないほど精神状態が不安定になる者もいる。

自覚のないままうつ病になっているケースも考えられるから、落ち込み具合が尋常ではなかったり、体調不良を理由にしばしば休んだり、以前なら考えられないようなミスを連発するなど勤務態度におかしな様子が見られたりする場合は、性格なども見極めた上で専門医に相談するなど慎重な対応が求められるのは言うまでもない。

## キヤノンで一度も黒字になることなく消えていった事業

キヤノンには一度も黒字になることなく消えていった事業が一つある。それはパソコンである。電卓、オフコン（オフィスコンピュータの略。事務処理用のコンピュータ）を源流とするパソコン事業は、「金食い虫の赤字部署」として、儲かっている黒字部署の人間からは批判の的だった。

「そんな暇と金があったら、うちの仕事を手伝ってくれ」

オフコン以来、コンピュータ関連の仕事が多く、わけてもパソコン事業に長くたずさわった私は、よく黒字部署の人間からそんな嫌味を言われた。

しかし、赤字覚悟で挑戦し続けないと、新しい技術や事業など確立できるものではない。無論、挑戦なくして、会社の成長、飛躍もない。その意味では、赤字を恐れず、「やってみろ！」と言ってくれるトップがいるかどうかで会社の未来は決まると言っていい。

一九八八年に発売された「ＮＡＶＩ」というパソコンは、私がリーダーになって開発したものだが、あれを始めるときも、社長の賀来《かく》さんが、「それはおもしろいね。今までにないパソコンだし、俺でも使えるかもしれない。やってみろよ」と言ってくれたからチャレンジできたのだ。

自分で言うのも何だが、NAVIというのは実に先進的なマシンだった。一言で言えば、「電話とファックスとワープロとパソコンを一つにしたもの」で、タッチパネル（絵表示）を活用した使い勝手のよさは、当時のパソコンの常識をはるかに超えていた。

画面上のアイコンに触れるだけで、電話はもちろん、ファックスの送受信もできた。ワープロでつくった文章をそのままファックスで送ったり、ファックス受信した文書を直接画面上で見ることができたのだ。ソフトのインストールだって驚くほど簡単だった。

背面の配線もすっきりしていて、デスクで向かい合わせで仕事をしていても前の席の人が使っている配線だらけの醜いパソコンの裏側を見ないですんだ。

NAVIは日本より海外、とくに米国で高い評価を受けた。ある新聞は、「なぜ米国のコロニー（植民地）である日本からこんな凄いコンピュータが出てくるんだ。これこそ、これからのコンピュータの姿である」と書いた。

コロニーにはムッときたが、パソコン先進国の宗主国をして「素晴らしい！」と脱帽させたのだから、それはもう嬉しく誇らしかった。それほど米国での評判はよかった。とくにそのデザインは「美しい!」とメディアで絶賛された。

私は、「美しさ」はものづくりの基本だと思っている。デザインしかり、工場しかり。無駄の多い設計や汚い工場から美しい製品は生まれない。究極まで整理整頓、合理化されたところに人を感動させるものづくりの根本があるのだ。

最近は弊社の工場見学に来られる方が多いが、みなさん、「きれいですねえ」と驚く。なかには「引っ越して何日目ですか?」と真顔で聞かれた方もいた。生産ラインや工場の現実をよく知っている人ほど、あまりのきれいさに感動するようだ。そこにものづくりの究極に近い姿を見るのだと思う。

## 遅すぎる商品はゴミにしかならないが、早すぎる商品は人と技術を育てる

NAVIの開発がスタートしたのは一九八六年で、当時のパソコン市場と言えば、NECのPC9800シリーズが圧倒的なシェアを誇っていた。

しかし、ユーザーには不満も多く、それを徹底的に拾い上げた。その結果、開発の基本

方針としてとくに重視したのは、①いろいろな機能が一台でできること、②パソコンが苦手な人でも簡単に使えること、この二点だった。

それには複合機能を実現するためのOS（基本ソフト）を、マルチタスク化しないといけない。そこでマイクロソフトの承認を得て、同時にいくつもの作業ができるようにMS－DOSを改造した。これには当時マイクロソフトの日本代理店をしていた西和彦《にしかずひこ》さんにずいぶんとお力添えをいただいた。以来、西さんとはよいおつき合いをさせてもらっている。

NAVIの販売価格は五九万八〇〇〇円。小林亜星《こばやしあせい》さんに曲をお願いしてテレビCM（キヤノンNAVI「Touch Me!」篇）もつくった。社運を賭けてとまでは言わないが、会社も相当力を入れて売ろうとした。

だが、残念ながら売れ行きは今一つだった。「先進性を求めるあまり、価格が高くなりすぎた」というのが大方の見立てだった。

しかし当時、NAVIと同等の環境をつくろうと思ったら――たとえばアップルコンピュータのマッキントッシュとプリンターやファックスモデムなどを組み合わせたら――だいたい一〇〇万円くらいした。それに比べたらずっと安くてお買い得だったから、パソコンに詳しい人には大歓迎されたし、一部には熱烈なファンをつくった。

ただしパソコンに詳しくない一般の人にはマシンとしての凄さやお買い得感をなかなか理解してもらえなかった。彼らにとって六〇万円は、やはりいくらなんでも高すぎた。

NAVIは結局、約一〇億円の赤字を出して失敗に終わった。その理由を一言で言えば、時代を先取りしすぎたのである。一〇年は早かった。それに市場がついて来られなかったのだ。

日本経済新聞が「NAVIは早すぎて売れない典型的な失敗例だ」と書いたとき、私は記者にこう言った。「遅すぎる商品はゴミにしかならないが、早すぎる商品はたとえ失敗しても人と技術を育てる」と。

半ば反論、半ば言い訳だったが、これは事実である。時代を先取りして最先端の技術開発に取り組むことで必ず次代を担う技術陣が育成される。

たとえばキヤノンのある事業所には約八〇〇人のソフト屋さんがいて、事務機のソフトウェアをすべて手がけている。今や事務機はコンピュータをその内部に抱えているようなものだから、彼らがいないとどうにもならない。

そしてここの責任者たちは、みんなかつて私の部下としてNAVIの開発にかかわった面々なのである。ＮＡＶＩは失敗に終わったが、そこで育った人材がその後のキヤノンを支えているのだ。

## ネクストコンピュータの損失は三〇〇億円！

ＮＡＶＩの赤字は一〇億円だったが、実は私の手がけた事業でもっと巨額の損失を出したものがある。一九八九年のネクストコンピュータへの資本参加である。こちらはざっと三〇〇億円の赤字を出した。

ネクストコンピュータは、アップルの創設者であるスティーブ・ジョブズ氏がクーデターにあって同社を追われた後の八五年に設立したベンチャー企業である。そのジョブズ氏から、「ＮＡＶＩのコンセプトをさらに発展させた新しいコンピュータを一緒につくらないか」と提案があり、日本での独占販売権を条件にこれに応じたのだ。

実はそれより先に共同開発の申し出があったのは、ジョブズ氏を解任したアップルのほうだった。ＮＡＶＩの日本での評価は今一つだったが、先ほども述べたように海外、とくに米国での評価は、たいへんに高いものがあった。

ジョブズ氏を追い出したアップルにはNAVIのようなコンピュータの基本から通信まで、まるごとパッケージで開発できる人材がいなかった。優秀な技術者がジョブズ氏と行動をともにしたからだ。

そこでキヤノン販売がアップルの日本総代理店をしていた関係から、キヤノンに共同開発を求めてきたのである。

しかし海外の評価とは裏腹に日本でのNAVIの売れ行きはさっぱりだったから、キヤノンは二の足を踏み、結局、この申し出を断った。その後にジョブズ氏のネクストコンピュータから「ぜひ一緒に」と申し出があったのだ。

要するにアップルもジョブズ氏も同じことを考えたわけだが、発想の豊かさ、新たな地平へのまなざしは、ジョブズ氏のほうが断然優れていた。そのとき彼が日本へ持ってきたのは、今や伝説となっている黒いキューブ（立方体型）のコンピュータ「NeXTキューブ」だった。

仕様書を見た私は、思わず唸《うな》った。なんとLAN（ローカル・エリア・ネットワーク）の代表的規格であるイーサネットを標準で搭載していたのだ。

これを発展させる形で九〇年には世界初のWWW（ワールド・ワイド・ウェブ）サーバ

とWWWブラウザをNeXT上で実現した。NeXTこそがインターネット時代の夜明けを告げるWWW発祥のパソコンだったのだ。

これは凄い！――。そう思った私は、すぐに「ぜひやらせてください」と上司を説得にかかった。しかし会社としては、NAVIの失敗があるし、それゆえに一度はアップルの申し出を断ってもいる。当然、慎重にならざるを得ない。

だが、NeXTがパソコンの未来を劇的に切り開いていくであろうことは技術者として容易に予想ができた。だからこそ一緒に仕事をしてみたいと強く思った。

私は諦めることなく何度も上司のもとへ足を運び、ついには「そんなにやりたいんだったら、やってもいいよ」と口説き落とすことに成功した。

キヤノンがあのスティーブ・ジョブズのネクストコンピュータと一緒に新しいパソコンをつくる――。それは大きなニュースとなって業界に流れた。すると、「私もぜひその仕事に参加したい。ぜひやらせて欲しい」と他社の優秀な人材が次々に移籍してきた。それほどキヤノンとジョブズ氏との提携はインパクトがあった。

しかし、結果はまたもや、である。やはり早すぎたのだ。一〇年以上早かったと思う。一部の熱狂的なファンは強力なグラフィックスやプラットフォームの安定性などを熱烈に支持したが、多くの一般ユーザーはその先進性について来られなかったのである。

ただしNAVIがそうであったように、ネクストコンピュータの失敗もソフトウェアの設計者などキヤノンの技術開発を支える人材育成には大いに貢献した。さらに最先端のデジタル回線の研究を続けたことで通信技術の面でも大きな成果があった。会社には巨額の損失を与えてしまったが、決してそれだけではなかったのである。

## 失敗もミスも、原因を楽しく追究する

前にシンクロリーダーの失敗があったからこそ、人材が集まり、育ち、それが経営多角化の第一歩である電卓につながったという話をしたが、実はあの失敗にはもう一つ大きな副産物があった。それはシンクロリーダーの生産工場用として茨城県取手に一〇万坪の土地を購入したことである。

シンクロリーダーは失敗に終わったが、このとき土地を手当てしておいたおかげで、のちに複写機の時代が来たとき、すぐさま取手を生産拠点とすることができたのだ。

言われたことだけやって「ダメでした」というのでは失敗は成功のもとではなく、失敗

のもとでしかない。自分の意思のない失敗は、何の教訓にもならないし、一粒たりとも成功の種を生み出すことはない。

しかし、「俺は新しい技術を開発してこういう製品をつくりたい」、そういう強い意思のもとにチャレンジして失敗したのであれば、そこには必ず次の成功の種がある。それをどう活かすか、活かせるかで、人の明日も会社の未来も決まるのである。

その意味では、シンクロリーダーが失敗したとき御手洗さんが語った「今度のことは、すべて私のオッチョコチョイに起因したものであって誰の罪でもない。この上は事後処理をよく行って、禍《わざわい》を転じて福とされたい」という言葉は実に素晴らしいと思う。

失敗は責めない。責めてはいけないのである。だから私は、キヤノンで部下を持って以来、一生懸命努力した結果のミスに対しては基本的に怒らないことにしている。

人はどれほど真剣に取り組んでいてもミスをすることがある。このとき誰よりも「しまった……つまらないミスをしてしまった……」と後悔しているのは本人だ。なのに「何やってるんだ！」と責めたら、誰だってカチンとくる。それこそ、「わざとやったわけじゃない。あんたはミスをしたことがないのか！」と敵意を抱くようになるかもしれない。

こうなると部下は、「言うと怒られるから」とミスをしても報告しなくなる。これは非常に危険である。ミスが上に報告されず、隠蔽《いんぺい》されるようになると、必ず大きなトラブルに結びつく。だから上司は、部下が上げてくる面白くない話ほど喜んで聞いてやる必要があるのだ。そして、こう言って褒めてやることだ。

「そうか。よく報告してくれたな」

その上で、なぜミスをしたのか、失敗をしたのか、その原因を究明させることだ。失敗を責めるより、そのほうがずっと大事で必要なことだ。

そういえば、先日、キヤノン電子である事業部長が多額の損失を出したが、私はニコニコしながら報告を受けると、「失敗はしょうがない。なぜ失敗したのか。どうやったら防げるのか、それをみんなでよく考えてくれ」と指示を出した。

失敗には次なる飛躍のヒントが必ずある。それを探すのは、言ってみれば、宝探しのようなものだ。お宝を探し当てることができれば、自分も大きく成長できるし、会社の発展にも貢献できる。それが楽しめないようでは自分のために仕事をしていない証拠である。だから原因の究明は、楽しく、徹底的に行なうのがポイントだ。技術的なものなのか、人為的なものなのか、あるいはそのほかの要因なのか、それらをつぶさに検証する。

その結果、たとえば、技術的に問題があったとすれば、あとはそれを解消するために全力で取り組めばいいだけのことだ。成功すれば、技術的に一つの壁を越えることができる。そこで諦めてしまえば、失敗は何も生み出すことなく、ただの失敗で終わりである。

たとえば、大型船はかつて船体部材の接合にリベットが使われていた。しかし、リベットだと船体が重くなるなど大型化には何かと不都合が多かった。そこで溶接で接合するようになったのだが、最初は亀裂が入って沈没するなど事故が相次いだ。

このとき「溶接はダメだ」とリベットに戻していたら溶接技術の進歩はなかった。失敗の原因をとことん追究し、それを乗り越えてきたから、今の造船業はあるのだ。

人為的な問題であれば、なぜそれが見過ごされたのか、部下、上司それぞれの立場で理由を探り、最終的にみんなで予防策を考える。

ちなみにキヤノン電子では、ミスや失敗、トラブルなどが発生したら、必ずそれを教訓とし、次なる成功の糧《かて》にするため、「失敗事例集」「成功事例集」というのをつくるようにしている。そのための書式も用意してある。これはいわゆる始末書ではない。始末書を書かせるのはルールを破ったときだけだ。

失敗事例集と成功事例集は、社内で自由に閲覧できるようになっている。そうやって失敗のプロセスや解決の道筋を誰でも見られる情報として共有化することで、イージーミスを防いだり、問題を解決するヒントを見つけられるようにしている。

## 成功も失敗もこだわらない――欲を捨てることの強み

あるとき、とある雑誌の記者からこんな質問を受けたことがある。

「NAVIで一〇億、ネクストコンピュータでは三〇〇億。それだけ巨額の損失を出すとどんな心境になるものですか？　やっぱり、もうダメだ、俺はおしまいだ、そんなふうに思ったりするるんですか？」

笑いながら、こう答えた。

「起きてしまったことはどうしようもないんだから、もう開き直るしかないんですよ。しようがない、さあ、次へ行こう、そんな心境です」

私は忘れっぽいのか、もともと成功だろうが、失敗だろうが、過去にこだわるということがほとんどない。月例の経営会議でも、だらだらと当月の売上の説明を聞かされると、すぐに制して、「そんな済んじゃったことはいいから来月の話をしてくれ」と言うようにしている。知りたいのは来月の売上であって、今月のことはもういいのである。

キヤノン電子の社長に決まったとき、キヤノンの後輩たちが、「酒巻さんとお別れするに当たって何かプレゼントしようということでこんなものを調べてみました」、そう言って一枚のコピーを渡してくれた。

そこには私がキヤノン在籍中に取得した特許がずらりと記されていた。その数、約五六〇件。私はそんなに特許を持っているとは知らなかったから、思わず、「俺ってそんなに書いてたのか。その割には給料が安かったなあ」と冗談を言った。

すると後輩たちが、「酒巻さんは凄い。成功してもそれを鼻にかけない」とお尻がむずむずするようなことを言ってくれたが、それは買いかぶりというもので、私の場合、どれだけ成功しようが、失敗しようが、もともとあまり気にしないのだ。

そもそも成功や失敗は、全力投球の結果にすぎない。それは会社やマーケットが評価するものであって、自分は夢中になれることを思い切りやれれば、それでいいのだ。

特許にしても全力投球の結果であって、別にそれ自体が目的ではないから、すぐに忘れてしまう。ほんとに覚えていない。どちらかといえば、結果より、どうすればうまくいくか、それを必死で追い求めているプロセスが好きなタイプなのだと思う。

だから、こうやればできるという道筋がわかってしまうと、部下に自信をつけさせ、育てる意味合いもあって、「後はお前がやれ」といちばんおいしいところを部下に任せることもよくあった。特許にしても部下の名前で取得しているもののほうが圧倒的に多い。

全力投球できることと、その結果にこだわらないこと——。それは会社人として生きる上で私はとても大事なことだと思う。結果に執着する人は、欲に負けて、人の手柄を横取りしたり、誰かを裏切ったりしがちだ。それは巡りめぐって必ず自分に返ってくる。

逆に「結果にこだわらず、好きな仕事に全力投球できればそれでいい。手柄は譲る」というスタンスで仕事に取り組めば、必ずよき仲間たちがまわりに集まってくる。

欲のない人は敵をつくらない。サラリーマンにとって敵をつくらないことは出世の最大の要件の一つである。

## 一罰百戒——小さなルール違反こそ見逃さない

「ルール違反」はミスや失敗とは違う。守るべきものをわざと守らないのだから、確信犯である。ルールは守らないと、不良や事故など、会社に甚大な損害を与える恐れがある。だからルール違反は許さない。すぐに始末書を書かせる。

ルール違反をしたのが若い社員の場合は、とくに厳しく叱る。どんな小さな違反でも一度許せば、必ず「少しくらいの違反なら大丈夫」と甘えた意識を持つようになる。ルールを守れるかどうかは、どれだけ自分を律することができるかどうかにかかっている。自分に厳しい人はルールを守るが、自分に甘い人は平気でルールを破る。ルールを守れない人は、どんなに能力があっても、いずれはその会社、ひいては社会からはみ出してしまう。それはホリエモンや村上ファンドを見れば、よくわかる。

自分に甘く、ルールを守れない社員が、係長、課長、部長とポストを上がっていったらどうなるか。使ってはいけない材料だろうが何だろうが、「少しくらいならいいだろう」と平気で使いかねないのだ。もしそんなことになれば、企業としての信用は地に墜《お》ちるだろう。ルールの守れない人間は、いつなんどき、従業員の生活を脅かすかもしれないのだ。

だからルール違反には厳罰をもってのぞまなければならない。一例をあげれば、キヤノン電子では、植栽を排ガスから守るため、駐車場ではすべての従業員の車に対して前向き駐車を義務づけている。このルールを三回破ると解雇である。そして実際に、このルールを破って解雇になった人間がいる。

「そんなことでクビですか⁉」と思うかもしれないが、この程度のルールが守れない人間は、いつかとんでもないルール違反をしでかして、会社に大損害を与えかねないのだ。小さなルールを守れない人間に大きなルールが守れるはずがないのである。逆に言えば、小さなルール違反こそしっかり、厳しく叱っていれば、大きなルール違反は滅多に起きないものだ。

この事件はまさしく一罰百戒であり、これ以降、キヤノン電子ではルール違反は起きていない。

組織というのは規律が守られているうちは強固だが、ひとたびそれが失われるとあっという間に崩壊していく。戦場であれば、一人のルール違反が部隊を全滅の危機に陥れるかもしれないのだ。

いちばん怖いのは、「あいつ、あんなことをしてても怒られないんだ。だったら俺もやってやれ」とみんなが平気でルール違反をするようになることだ。こうなったら組織はもうどうにもならない。おしまいである。

だからルール違反を見つけたら、たとえ役員であろうと厳しく処分するつもりである。

## 「出る杭《くい》は打たれる」時代から、「抜かれる」時代へ

ルール違反にはキヤノンにいたときから厳しかった。必要と思えば、部下はもちろん、上司や経営陣に対しても容赦なく諫言に及んだ。

「あなたがたは役員（社長）だからって、ルール違反をやっていいってことじゃないでしょう。そんなことでは社員に示しがつきませんよ！」

長くサラリーマンをやっていれば、もとより正論だけで組織が動いているわけではないことくらい承知している。だが、なにせ曲がったことは捨て置けない性分なもので、相手が社長でも、つい「あなたねえ！」とやってしまう。だからしょっちゅう喧嘩になった。いいものはいい、悪いものは悪いと発言するには勇気がいる、信念がいる。他人の目を気にしていたら、とても言えない。当然、敵もつくる。

これは新しいことにチャレンジする場合にも言える。挑戦にはリスクがともなう。何もしなければ減点はつかないが、挑戦して失敗すれば、マイナス評価になってしまう。だから新しいことをやろうとするとたいてい反対にあう。失敗すれば、「そらみたこと

か」と批判を受ける。そして挑戦者は不遇を託《かこ》ち、何もしなかった人間が出世の階段を上がっていく。不条理なことが当たり前のようにまかり通るのが、会社というところだ。

しかもである。成果主義を導入する会社が増えたせいだろう、近頃は「他人を蹴落としてでも」と出世に血道《ちみち》を上げる輩が増えているやに聞く。

かつては「出る杭は打たれる」と言ったが、今や「出る釘は抜かれる」時代になったようだ。よほど出方に気をつけないと、上からも下からも横からもぬっと釘抜きが突き出てくる。トンカチで一回打たれたくらいならまだまだチャンスはあるけれど、釘抜きで引っこ抜かれてしまったら、それで一巻の終わりである。

そういうサラリーマン社会の現状、実情を知ったうえで、注意深く出方を考えないと、どこで足元をすくわれるかわからない。かつての私のような破天荒な振る舞いがそうそう通る時代でないことだけは確かだ。

だから、どういうときにどういう人事が行なわれるのか、どういうことをするとどこから釘抜きが突き出てくるのか、まずは社内事情をしっかり把握することである。何かにチャレンジしようにも周囲の理解が得られなかったら成功はおぼつかないのだ。

## 些細な約束事をしっかりと守らせる意味

そもそも「ルール違反は絶対にダメだ」と私に叩き込んだのは、赤鉛筆でレポートに直しを入れた、あの鈴川さんである。

忘れられないのは、呼び出しのストップウォッチだ。入社間もないある日のこと、鈴川さんから「至急、来るように」と内線で電話があった。

何だろうと思いながら、ついでなので少し寄り道してから行くと、「あなた、ここまで来るのに何分かかってるんですか！」と雷を落とされた。鈴川さんの手にはストップウォッチが握られていた。「もう一度電話をするから出直してくるように。やり直し！」と言われ、慌てて飛んで返った。

ところが、いくら待っても電話がかかってこない。いい加減、忘れた頃になって、「今すぐ来なさい」と電話があった。今度は怒られないように小走りで行くと、「その調子で来るように。もういいから戻って仕事をしなさい」でおしまい。

いったい何なんだと、そのときはひどく腹が立ったが、後から思えば、「上司に呼ばれたら何をおいてもすぐに行く」という当たり前の約束事を守らないとどうなるか、それを考えさせたかったのだと思う。

鈴川さんは、技術陣を束ねる開発のトップだったから、それは忙しかったはずだ。たぶん「すぐに来い」と言ったのに私が行かなかったから、その後の予定がくるってしまったのだ。私が遅れたせいで鈴川さんの貴重な時間を無駄にしてしまったのである。だから、またかけると言った電話も遅くなり、私はイライラしながら待つハメになった。私の寄り道は、巡りめぐって自分に返ってきたのだ。

つまり鈴川さんは、小さな約束事を守らないと、それがいろいろなことに波及して最後は自分が損をしたり、迷惑を被《こうむ》ったりするということを教えたかったのだと思う。元々、海軍技術将校だった鈴川さんにとって、戦争においては、小さなルール違反が、多くの犠牲者を生むというシビアな認識も染み付いていたのだろう。

以来、私は、上司から呼ばれたら、何はともあれ、すぐに飛んでいくようにしたし、部下にもそれを求めた。

キヤノン電子では業務改善を通じて生産性を向上させるため、キビキビとしたスピードある行動を心がけている。そのためにすべての工場の廊下には「五メートルを三・六秒以内」で歩かないと、のどかなクラシック音楽が流れる計測装置が設置されている。

これはキビキビした行動を遊び心を持って日常的に意識づけするための仕掛けで、言ってみれば、鈴川さんのストップウォッチを少しばかり大仕掛けにしたようなものだ。

今に至るも鈴川さんの教えは、私のなかに息づいている。

## 目的のないルールはたんなる締め付けの道具にすぎない

ルールには目的がないといけない。たとえば、交通法規は車の円滑な流れや安全の確保を最大の眼目としているし、野球やサッカーなどのスポーツのルールは公正さの確保や怪我の防止、見る楽しさ（興行性）などが大きな目的になっている。

目的のないルールは、単なる管理のための手段であって、そんなものは権力を持った人間のくだらない自己満足にすぎない。たとえば、行きすぎた学校の校則なんかがその最たるものだ。

廊下は直角に曲がれとか、スカートは膝下《ひざした》何センチとか、鞄の厚さは何センチ以上とか、意味も根拠も不明な校則が、いまだにわんさかある。そんなことを規制していったい学校は何がしたいのか、さっぱりわからない。

知り合いの息子さんが通う高校には「先生と生徒が気持ちよく触れ合える服装」という校則があるのだが、その息子さんが「それって要するにどういう服装ですか」と担任にたずねたら、「そんなこと聞くなよ。俺にもわかんないよ」というのが答えだったそうだ。

だから私は、よく会社でこう言う。

「みんなはすぐにルールをつくりたがるけれど、目的は何なんだ？」

とくに人事や総務などの管理部門は、ルールをつくる立場にあるだけに、このことを口酸《す》っぱく問いかけている。

ルールというのは、目的があって初めてできるのだ。それがいい加減なら、そんなルールは社員を締め付けるためのただの道具にすぎない。絶対につくってはいけない。

逆に明確な目的を持ってつくったルールであれば、その目的を周知徹底させるために人事や総務などがきちんと社員に説明をすべきだ。それが社員の納得いくものであれば、「そういうことなら」と反発も少ないし、守ろうとする意識も高くなる。

だからルールを守らせたかったら、その目的をちゃんと理解させることだ。ただつくるだけではダメなのだ。

# 4章　人間の心理、行動パターンを知る

## ——管理職に必須の能力

## 秀吉《ひでよし》と光秀《みつひで》のいちばんの違い

出世したいと思ったら「使われ上手」になることである。

使われ上手は、相手の気持ちを読むのが上手い。上司が何を望んでいるのか忖度《そんたく》して先回りして動く。「こうしたいんだな」「こうして欲しいんだな」と思えば、言われる前にちゃんと準備をしておいて、言われたら、すぐに実行できるようにする。

しかも「能ある鷹は爪を隠す」で、いかにも使われているように振る舞う。どれほど優秀でも絶対に自分の実力を誇示しない。「俺がやりました」などと自慢するようでは上司はもとより周囲からも白い目で見られる。

だから成果を上げたときは「ご指導の賜物《たまもの》です」「おっしゃるようにしたらうまくいきました」と上司を立てる。自分に手柄をくれる部下は可愛い。人間心理とはそういうもので、「あの男は使える。いいやつだ」と必ず目をかけてくれるようになる。

こうなればしめたもので、少しくらいへまをしても怒られないし、だんだん大きな仕事を任されるようになる。部下もたくさん使えるようになる。

出世は、ある意味、「部下の数」で決まる。部下の数が一〇人と一〇〇人では、自ずと得られる成果の規模が違う。どれだけ多くの部下を使いこなし、それに見合った成果を引き出せるか——。それこそが人事考課の重要なポイントなのだ。

その点、使われ上手は相手の気持ちがわかるので、人を使い、育てるのも上手い。飛び抜けて優秀でなくても部下を巧みに動かすことでどんどん成果を上げていく。取引先とのタフな交渉などでも、先方の手の内を読み、微妙な駆け引き、神経戦に勝利しやすい。

これは何も営業職に限ったことではない。たとえば技術系のスタッフにしても、今は昔と違ってチームで動くからコミュニケーションの能力は必須である。

歴史を見ても、出世している人は、ほとんど例外なく、相手の意を汲むのが上手い使われ上手である。秀吉は天下人になり、光秀は三日天下で散った。二人の人生を分けたのは、つまるところ、どれだけ信長を立て、可愛がられたかの違いであったろう。

信長の草履《ぞうり》を懐《ふところ》で温めた故事《こじ》に見るように、秀吉の追従《ついしょう》ぶりはつとに有名で、それをくさす向きもあるが、切れ者の光秀に秀吉の半分ほども人の気持ちを読む才があったなら、後の日本の歴史は変わっていたかもしれない。

夢は持たねばならない。夢があるからこそ仕事は楽しいし、面白い。

しかし、それをかなえるには現実を見る目も必要だ。上司が認めてくれないからと言って、「あいつは俺のことをちっともわかっていない。うつけ者だ」と馬鹿にし、ついにはキレて食ってかかるようでは、まわりも鼻白むばかりだ。

まずはうまく使われて上司に引き立ててもらうことだ。そうすれば、やりたい企画に予算もつくようになる。何も茶坊主になれというのではない。夢をかなえるにはどうするのがいちばんいいのか、その道筋を現実的に考えろ、ということだ。

相手の気持ちなどおかまいなしの唯我独尊《ゆいがどくそん》タイプは、若いうちは一匹狼で「あいつは変わってるよな」と面白がられるが、三〇代の半ばをすぎてもその調子では、「あいつもいい加減何とかならないのか……」と呆れられるだけだ。

相手の気持ちがわかる、理解できるというのは、会社人として生きていく上で絶対に必要な要件である。なるべく若いうちに身につけるほうが得だし、部下を持つ立場であれば、そのように指導すべきだろう。

## 「使われ上手」かどうかは、報告の仕方でわかる

使われ上手かどうかは、「報告の仕方」を見ればたいていわかる。

たとえば、報告の上手い人は、仕事で岐路《きろ》に立たされ、「AかなBかな?」となったとき、自分の意見を踏まえて、「これまでの経験から私はAだと思いますが、Bという道もあります。どうしましょうか」と上司の判断を仰ぐ。

このとき上司が、「お前の言う通りAでやってみろ」と言って、首尾よく成功すれば、意見を具申した部下も、それを正しいと判断し、意思決定を下した上司も、ともに成功を喜ぶことができる。

仕事の節目節目できちんと報告してくれる部下は、上司も管理がしやすい。仕事の進《しん》捗《ちょく》具合は、経験的にだいたい見当がつくから、「そろそろ彼も次の岐路に差し掛かる頃だな」と思えば、さりげなく、「どうだ、調子は?」と声をかけ、それとなく次に進むべき道を示唆し——たとえば、A、B、Cの三つの選択肢があり、Cがベストと考えられるなら、Cを選択するように——上手い具合にそちらへ誘導することもできる。

そうすれば、次の節目の報告では、「私はCだと思いますが、A、Bという方法もあります。どうしましょうか」と聞いてくるはずだ。

自分の意見を踏まえて、仕事の節目節目できちんと上司の判断を仰ぐ部下に対しては、そうやって正しい判断ができるように指導、育成することもできるのだ。

これに対してダメな報告の仕方は、「AとBの二つの方法がありますが、どうしたらいいでしょうか」というパターンだ。自分の意見のない報告は意味がない。「お前はどっちがいいと思ってるんだ?」という話だ。

上司が部下に報告を求めるのは、状況把握とともに部下の意見が聞きたいからだ。そうでなければ、トップダウンで命令だけしていればいいのである。

それでも仕事の節目で報告に来るだけまだマシとも言える。最悪なのは上司に報告もしないで勝手なことをする人間である。

「課長、あれ注文しときました」

「え、どこに!?」

「×××商事ですが」

「……」

あらかじめ「どこそこのメーカーに発注したいんですが」と言ってくれれば、「そのメーカーよりこっちのほうが安くて物もいいよ」と言えるけれど、それを相談もなしに勝手に注文されたのでは話にならないのだ。

上司の気持ちも考えずに、ある日突然、結果だけ報告に及ぶこの手のサブマリン特許みたいな人間は、はっきり言って使い物にならない。もちろん部下を持ってもまずダメである。相手の意を汲むことができなかったら、部下を上手に使えるはずがないのだ。

その点、使われ上手は、上司が何を求めているのか、ちゃんと理解した上で報告する。人の気持ちが読める人は、部下に対する指導も上手い。これは経験的に言って一〇〇パーセント間違いない。

## 社員の自己評価を鵜呑《うの》みにしてはいけない

最近は人事考課で、他人評価とともに「自己評価」をさせる企業も増えていて、キヤノン電子でも取り入れている。期初《きしょ》に上司と共に、今期の重点課題、達成すべき目標を決め、それを期末に上司が評価するとともに、自分でも評価するというものだ。

その自己評価で全部○をつける人間と全部×をつける人間は要注意である。

全部に○をつける人間は、自分に対する批判精神が明らかに欠如している。「私はいい人だ」と自分から言うヤツにロクなのはいない。△がいくつかあれば、「ちゃんと自己批判しているな」と思えるが、全部○では「この男は自分を客観的に見られないのではないか」と人間性を疑わざるを得ない。要するに人間的に信用できないのだ。

一方、全部に×をつける人間も別の意味で気をつけないといけない。全部×には二通りある。一つは本当にダメで全部×がついているケース。もう一つは自分の目標が高すぎて全部×にしているケースだ。

この見分けをきちんとやらないと人事は必ず失敗する。

目標設定を高くし、「私はここまでやりたかったが、できなかった」と考え、全部に×をつけるような人間は、要するに自分に厳しいのである。自分で自分が許せず、「目標未達の責任は自分にあり」と×をつけるのだ。

それを本当にダメな社員と同列に見てしまっては話にならない。人事考課のときはそのあたりをきちんと考慮して×の評価を○にしないといけない。

そうでないと、「やっぱり俺はまだまだダメなんだ」と必要以上に自分を追い詰め、些細なミスなどがきっかけとなって、うつ病になってしまうこともある。

だから自分に厳しいこのタイプの人間に対しては、あまり過大な目標設定をしないで客観的な自己評価をするように指導するのが大事になる。それと同時に×の内実を吟味して「お前の力はこんなもんじゃないぞ」とできるだけ評価を上げてやることだ。

## 管理職に必須の勉強

製造業は人をたくさん使う。それだけに人間の心理が読めないと仕事の効率が落ちてしまう。工場一つ見ても、人間の心理に通じた、人使いの上手い工場長がいるかどうかで、業績に大きな違いが出てくる。現代では、人の気持ちのわかる、叩き上げの工場長はとても貴重な存在である。

職場の人間関係は互いに信頼し、協調し合えるのが理想だが、実際はそんなきれいごとばかりで動いているわけではない。目の前に大きな出世のチャンスでもちらつけば、上司だろうが部下だろうが同期の仲間だろうが、平気で裏切る人間もいる。

たとえば、「囚人《しゅうじん》のジレンマ」というのがある。半世紀ほど前、米国のランド研究所のメリル・フラッドらが考えついた有名なゲーム理論だ。

ある事件の共犯者とされる二人の容疑者が別件で逮捕された。容疑者二人はそれぞれ別の部屋で取り調べを受け、次のような司法取引を持ちかけられる。

「もし、どちらか一方が本件について自白したら、自白したほうは懲役二年にしてやる。自白しなかったほうは懲役二〇年だ。どちらも黙秘した場合は、別件だけで二人とも懲役五年にする。どちらも自白した場合は、二人とも懲役一〇年の刑を受けてもらう」

この場合、二人の容疑者は、互いに相棒がどう出るかをあれこれ考え、果たして自白するのが得か、黙秘するのが得か、思い悩むことになる。自分だけ自白すれば二年の懲役で済むが、相手も自白したら一〇年になってしまう。自分が黙秘し、相棒も黙秘すれば五年で済むが、相棒が自白してしまえば、自分だけ二〇年の懲役を食らうことになる。

こうしたジレンマは職場でも起こり得る。囚人のジレンマは極端な閉鎖状況下の話ではあるが、企業社会、会社の中というのも、ある程度は閉鎖社会であり、閉鎖社会特有の葛《かっ》藤《とう》を抱えるケースは多い。

たとえば、上司の不正を知ってしまって、会社の上層部に報告しようかどうか迷っていると、上司に「みんなやってることだ。お前も悪いようにはしない」と抱き込まれて黙っていたら、いつの間にか、自分が犯人に仕立てられるようなケースは、ままある。人間心理は難しい。一筋縄ではいかない。しかし、その奥深さに分け入る努力をしないと、人使いはうまくならないし、結果として業績もついてこない。

あなたが管理職であれば、心理学の勉強は必須である。

## 危機管理の第一歩は「部下の観察」

俗に「部下は上司を三日で見抜く」という。部下は新任の上司が来ると、みんなでその態度や物言いを観察し、情報を交換、分析して、わずかの間に性格を見抜いてしまう。そしてその上司に対する上手なつき合い方、処世術を見つけ出す。

それは子供たちが教師の力量をすぐに見抜くのに似ている。「この先生は厳しくない」と思えば、たちまちなめてかかるようになる。クラスが荒れる「学級崩壊」は、子供になめられるような、まさにそういう先生のクラスで起こるのだという。

上司がどういう人間かを知るのは、さほど難しいことではない。いちばん手っ取り早いのは、上司の前でわざと三回ほど失言してみることだ。「何だ、今のは！」とすぐに怒るタイプか、「そういうのは気をつけたほうがいいぞ」とやんわり諭すタイプか、「こいつは馬鹿だな」と思い黙って無視するタイプか、すぐにわかる。

しかし、部下がどういう人間か知るのは、上司の場合ほど簡単ではない。部下は上司に対して自分のいいところだけを見せて、なるべく短所や都合の悪いことは見せないようにするものだ。しばしば、報告されるべき情報を部下が抱え込んで、上がってこなかったりもする。

これに気づかずにいると、後でとんでもないトラブルになり、その処理に莫大な費用と労力を費やすことにもなりかねない。

では、なかなか見えにくい部下の素顔を知るにはどうすればいいか。

これはもうひたすら「観察する」しかない。管理職であれば、部下となるメンバーのうちカギを握る職制の高い人間から観察する。社長であれば、管理職全員について職制の高いほうから観察するといいだろう。

具体的には対象となる人物の行動や発言などを毎日メモに取り、それを帰宅後、日記のように整理してノートに記録していく。

これを二、三カ月も続ければ、「彼はトラブルを抱えると途端に無口になるな」とか、逆に「饒舌《じょうぜつ》になると何かあるようだ」とか、だんだんその人物の特性が見えてくる。

すると、たとえば、「彼が無口になった。工場で何か起きてるな。不良が出るかもしれないぞ」と見当がつくようになる。そうすれば、「どうした、何かあったのか」と声をかけ、最悪の事態を未然に回避したり、損害を最小限にとどめたりすることができる。

部下を観察するのは、管理職必須の危機管理なのだ。

## 朝イチ、午後イチ、終業前——人がサボる三大時間帯

キヤノンで管理職になって間もない頃、信頼していた部下が引き抜きにあって会社を辞めたことがある。引き抜き自体は珍しくもなかったが、よく家に遊びに来て一緒に食事をするなど、公私ともに信頼を寄せていた男だっただけにショックだった。

以来、私は、自分の部下指導に何が足りないのか、どうすればもっと人使いがうまくなるのか、わが身を振り返りつつ学ぶために、部下の人物観察を心がけるようになった。ノ

ートをつけ始めたのはその頃からである。

あるとき部下に言われたことがある。

「残業中に漫画を読んでると、どうして決まって私のところに来るんですか」

また別の部下にはこう聞かれたこともある。

「社内を歩いても私にはサボってる社員は見つけられないのに、どうして社長は見つけることができるんですか」

私は、「人を見る目が違うんだよ」と言って笑ったが、種を明かせば、要するに人物観察の賜物《たまもの》なのだ。日頃から部下を観察し、どういうときにどういう行動をとるのか、きちんと分析して把握しているから、「残業して二時間、そろそろ彼は漫画を読んでる頃だな」と見当がつくのである。

部下の観察に当たって、まず最初にすべきは、その人物が仕事に集中している「正常状態(＝理想の労働状態)」を知ることである。仕事に身を入れて働いているとき、どんな姿勢でどんな表情でどんなことをしているか、よく観察するのである。その上で、どういうときにその正常状態を外れるのか、日々の観察を通して知るようにする。

人間の心理や行動というのは、ある程度パターン化しているものだ。

いちばん仕事に身が入らず、誰かと話をしたり、業務とは無関係のことをしてサボったりするのは、たいてい「朝イチ、午後イチ、終業前」の三つの時間帯である。私はこれを人がサボる三大時間帯と呼んでいる。

早速、明日にでも、この時間帯の部下の様子を見てみるといい。正常状態と比べて明らかに緊張感がなく、だらけたふうであれば、それは仕事に身が入っていない証拠である。

このように正常状態と比較しながら部下の様子を日々観察していくと、「あ、サボってるな」とか、「いつもと様子が違うぞ。何かあったのかな」というのが、だんだん見えてくる。そうやって部下の癖や行動パターンを把握するのである。

## 「姿見」と「立ち会議」で集中力を維持する

危機管理には、こうした部下の観察が絶対に必要である。

集中力を欠いた仕事は、ミスを生みやすい。われわれのようなメーカーであれば、それは即、不良の発生につながる。

そこでキヤノン電子では、人がサボる三大時間帯の対策として、

①出勤時の姿見（大型の鏡）チェック
②午後イチの立ち会議

などを励行《れいこう》している。

工場の入り口には姿見が置いてある。これは、わが身を映し出して確認することで、「よし、今日もやるぞ」と仕事モードに自分を切り替えてもらうための仕掛けである。と同時に、上司や部下に対してイライラしたり、何かよからぬことを考えたりしていないか、冷静に自分に問い掛けるための工夫でもある。邪《よこしま》な心は、必ず鏡に映る。鏡の中の自分に邪気を感じて「はっ！」とすれば、いつもの自分を取り戻すことができる。

立ち会議は、文字通り椅子に座らず立ってやる会議のことである。弊社では役員会議から、部課長クラスの会議まで、会議と名のつくものは、すべて立ちっぱなしの、「立ち会議」で行なっている。会議室では椅子を撤去し、脚に約三〇センチのゲタを履かせ、立って使うのにちょうどいい高さ一メートルほどの、自前でこしらえたテーブルが並んでいる。

そのほか、会議室ではなくても、オフィスの端々《はしばし》に、「立ち話会議」用のホワイトボードとテーブルが配置されている。

多くのメディアに紹介されたせいだろう、最近は弊社のように立ち会議を導入する企業や自治体などが増えているようだ。立ち会議用のテーブルを商品化した事務機メーカーさんもあると聞く。

立ち会議の効用は、会議時間の短縮や対人コミュニケーションの強化などいろいろあるが、直接的ないちばんのメリットは集中力が高まることだと思う。

お昼の後は眠くなる。これは食事をとると、体内の血液が消化器官に集まり脳への供給が減るのと、脳の満腹中枢が刺激されてある種の睡眠物質が出るからだ。

言ってみれば、生き物としての当たり前の反応であり、よほど仕事に集中していないと、つい船をこいでしまう。

その点、立ち会議はいい。立ちっぱなしなので、眠くなどなりようがない。不覚にも睡魔に襲われ、居眠りなどしようものなら、たちまち膝から崩れ落ちる。そんな無様な姿は誰だってさらしたくない。いきおい誰もが緊張感を持って会議にのぞむ。

午後イチのだれやすい時間帯に立ち会議を持ってくるのは、有効な方法である。

## 部下の「後ろ姿」からわかること

部下を観察するときに、私がいちばん注意を払うのは「後ろ姿」である。人は他人に背中を見せているときが、いちばん無防備で、その人の内面が出やすい。人は元気なときは背筋をしゃんと伸ばして歩いているが、悩んでいるときなどは肩を落とし、背中を丸めてとぼとぼと歩いていたりするものだ。

人は虚勢を張り、なかなか弱さを見せないが、後ろ姿は嘘がつけない。その人の弱さが透けて見える。試しに部下の背中を二、三カ月注意して見てみるといい。何かしら問題を抱え込んだり、よからぬことを考えていたりすれば、必ずそれが後ろ姿に現われるから。

人物観察では、その人の「いちばん弱い面」を知るのが何より大事になる。そしてどういうときにその弱さが出るのか、それを把握するようにする。そうやって人物観察をしていると、そのうち工場を歩いているだけで不良の臭いを嗅ぎ取れるようになる。

たとえば、人物観察の結果、ある部下は「背中が丸まってきたら、一人で抱え込んで暴走するサイン」とわかったとしよう。ある日、工場に顔を出すと、その部下の背中がやけに丸まって生気がなかった。暴走するサインだ。

こんなときはすぐに「お前、気をつけろよ」と一声かけてやるといい。それだけで本人は、はっとして立ち直れることが多い。

いずれにしろ後ろ姿で「何かあるな」と感じたときは気をつけないといけない。

借金問題や処遇への不満などが背景にある場合は、背任、横領など会社での不正行為につながる恐れがある。上昇志向が強く、出世のためなら人を騙《だま》したり裏切ったりするのも厭《いと》わないようなタイプであれば、寝首を掻《か》かれないとも限らない。

なかには、後ろ姿で、「あ、この男、辞めそうだな」とピンとくることもある。そんなときは直属の上司を呼んで、「一度よく話してみたらどうだ」と言うようにしている。

こちらから早めにアクションを起こし、相手の不満や希望などを聞くようにすれば、たいていは翻意《ほんい》するものである。

後ろ姿で部下の心が読めるようにならないと、いい管理職にはなれない。

## 悪い噂《うわさ》を流されたとき、信頼を回復する唯一の方法

サラリーマンの世界に誹謗中傷《ひぼうちゅうしょう》はつきものだ。

本人の前では「いつもながら見事なお手並みですねえ」などと褒めちぎっておきながら、裏では「なんだいあの出来は。ひどいったらないよね」などとボロクソに貶《けな》していたりする。挙句に部長や役員などに「あの人には荷が重すぎたようです。もう外したほうがいいと思います。私ならこうしました」などとご注進に及んだりする。

黒い噂を流されていつの間にか悪者にされている、というのもよくあるケースだ。私はキヤノン時代、あるベンチャー起業家が苦境に陥ったとき支援をしたのだが、やはり「見返りが用意されているらしいよ」などと根も葉もない噂を流された。

黒い噂を流されるような人物を会社は嫌う。本人の知らないところでおかしな噂を流され、それが人事考課に影響することもある。自分が思っているほど会社の評価が高くない場合は、そうしたことが裏事情として反映していないとも限らない。

こうなると、つい言い訳の一つもしたくなるが、それはやめておいたほうがいい。こう

いうときの言い訳は火に油を注ぐようなもので、かえって評判を悪くするだけだ。

悔しいだろうが、何を言われてもひたすらじっと耐えることである。そして精一杯自分の仕事をすることだ。

すると、一年、二年経つうちに今度は必ずこんな声が聞かれるようになるものだ。

「あの人は、変な噂が流れたけど、とてもそんな人には見えないよね」

「あれって実は××さんがあの人に対するやっかみで流した嘘だって話だよ」

「やっぱりね。だったらあの人偉いよね。言い訳一つしないで」

こうなると、それまでの逆風は追い風に変わり、心を寄せ、支援してくれる人が必ず現われるようになる。

己を信じてわが道を貫く者を、天は見捨てはしない。

## 錯覚でいいから「自分でやった」と思わせる

私がキヤノンの役員からキヤノン電子の社長に転じて間もなく、キヤノンのある部門で不良が増えたことがある。このとき私の部下だった人間がこう言って報告に来た。

「なぜ急に不良が増えたのか、みんなで考えたんです。やっとわかりました。これまでは酒巻さんが不良が起きる前にあちこち行っては止めてくれてたんだって。酒巻さん、よく言ってましたもんね。いつも現場に目を光らせておいて、あ、危なそうだな、って思うと、おい、気をつけろよって。あれが効いてたんですよね。私たちは不良が少ないのは自分たちの力だと思ってましたけど、実はそうじゃなかった。勉強になりました」

私は、部下指導の肝は、「自分でやったと錯覚させること」だと思っている。

彼らは、「部下の正常状態を頭に入れておけ。それから外れたら気をつけろよ」という私の教えを守り、彼らなりに実践していた。

しかし、必ずしも十分ではなかった。それを私が少しだけフォローしていた。彼らはそれに気づかず、自分たちの力で不良を抑え込んでいると信じていた。

私の立場からすれば、それでいいのである。大事なのは、錯覚でもいいから、なるべく自分で考えたように仕事の手順を誘導しながら、一度成果を上げさせることだ。そうすれば、後は放っておいても同じようにやれる。

実際、彼らはすぐに自分たちの人物観察の甘さを修正し、それまで以上に目配りをするようになった。すると不良はみるみる減っていった。

彼らは今もバリバリと働いている。不良の原因と対策がすぐにわかるくらいだから、やはり優秀だったのである。

## 部下のアイデアを引き出す上司の技術

自分でやったと錯覚させるのは、営業でも商品開発でも同じである。たとえば、キヤノン電子では生ゴミ処理機を商品化しているが、これもヒントを与えることで、自分で考えた開発テーマとして部下から提案が上がってくるよう仕向けたものだった。

「生ゴミの処理代ってかかるよねえ。何とかなんないのかねえ。社員食堂だって困っちゃうよなあ、毎日のことだし」

そんな質問とも独り言ともつかないようなことを部下の前で言うのである。それをヒントにして、「そうか、生ゴミか。生ゴミ処理機ならいけるかもしれないな」と部下が自分で考えるように誘導したのである。

上手にヒントを与え、自分で考えるように仕向ける。アイデアの引き出しに自分で手がかけられるようにそっと手助けしてやる――。

これこそ自分でやったと錯覚させるいちばんいい方法だ。

そうやって上手に錯覚させてやれば、「あれは社長の発案じゃない。俺の発案だ」と自信を持つようになる。一度自信を持てば、ヒントを与えなくても、同じような発想パターンで別の開発テーマを思いつくものだ。

実際、最近は、私がヒントを与えなくても、「おおっ！」とびっくりするような面白い提案がポンポン出てくるようになった。

最初は錯覚でいいのだ。

## 忍耐力と質問力——上司に不可欠な二つの能力

部下に自分でやったと錯覚させるには「成功体験」が必要である。

それには管理職やトップが「成功するまで絶対に諦めるな」と言い続けることだ。一度やると決めたからには、絶対に上がブレてはいけない。

生ゴミ処理機を例にすれば、それこそ何度失敗したかわからない。あまりにも失敗続きなので社内的にも「あれはもう終わった」と思っている人が多かったほどだ。

しかし、私も開発スタッフも諦めずにやり続けた。その結果、とうとう商品化に成功した。まさに「執念」だった。

どんな開発テーマでもそうだが、失敗が続けば、「これは無理だな……」という空気が現場にも流れるものだ。管理職やトップは、そんなときこそ、「絶対にやめるな、諦めるな」と言い続けなければならない。

ただし、そこで必要以上に叱咤激励《しったげきれい》するのはよくない。いくら頑張れと言われても、失敗続きでその壁を越えられないから苦悩しているのだ。頑張れと尻を叩くだけの精神論で問題が解決するなら苦労はない。これほど指導者として安易なことはない。

大事なことは、「諦めるな、頑張れ」と励ます一方で、開発の阻害要因をクリアするための、何かしらのヒントを提供してやることである。それも後で自分の発想だと錯覚できるように、あくまでさりげなくやるのがポイントだ。

私の場合は「どうしてそうなの？」「どうして、あれじゃなくてこれなの？」と何度も質問するようにしている。技術者としての経験から、どうすれば成功するか、その道筋はある程度見当がつく。繰り返し質問することで、それに気づくように彼らを導くのだ。答えを得るための「発想の訓練」をさせるのだ。

一度、それに気づけば、一気に壁を乗り越えられる可能性が高い。それまではひたすらヒントの質問を繰り返し、彼らが気づくのを根気よく待つのである。

ここで、「そうじゃない。それはこうすればいいんだ」といきなり答えを教えてしまっては、部下は絶対に伸びない。上司があれこれ細かい指示や助言を与えてしまうと、部下はそれしかやらなくなって、自分で考えなくなってしまう。

生ゴミ処理機の場合、開発の最大の阻害要因は、処理能力、つまり容量不足にあった。当初、開発スタッフは容量が足りないならもっと大きいものを設計し直すしかないと考えていた。しかしそれでは設計から耐久試験から全部やり直さないといけない。

私は、そんなことをしなくても開発済みのものを上手に活かせば、十分容量不足に対応できると考えていたから、あるとき、彼らがすっかり行き詰まっているのを見て、こう助け舟を出した。

「生ゴミを乾燥させて臭みを取る装置は開発済みのやつが一つあればいいよね。これに開発済みの処理槽を二つくっつけちゃったらダメなの？」

こうやって全然別の発想をポーンと投げてやると、筋のいい技術者であれば、「そうか！」とピンとくるのである。これなら新しい設計も耐久試験もいらない。短期間で開発できる。しかも開発コストはうんと安く済む。

私の投げた一言がヒントになって生ゴミ処理機の開発は再び動き出し、その後も失敗はあったものの、ついには商品化に成功したのであった。

教えるのではなく気づかせる——。

それには成功するまでブレない忍耐力と成功への道筋を示唆する巧みな質問力が欠かせないのだ。

## メールで指示を出す上司の問題点

二〇〇五年に出版した拙著『椅子とパソコンをなくせば会社は伸びる！』（祥伝社黄金文庫）は、各方面から大きな反響をいただいた。私なりに管理職や経営者が心得るべき事柄をわかりやすくまとめたものだったが、経営者の方からはパソコン利用に関する感想が思いのほか多く寄せられた。

パソコンの専門家である私が、「パソコンなんていらない。場合によってはかえって業績を悪くするだけだ」と指摘したことが、目からうろこの衝撃をもって迎えられたらしい。

たとえば、ある小売業の経営者の方は、「この本を読んで役員のパソコンを全部取り上げることにしました」と書いてきた。「お前たちにパソコンを与えると遊ぶだけだ」と言って、五〇台ほどのパソコンを全部デスクから撤去してしまったのだそうだ。

実際、どこの会社でもパソコンで遊んでいる役員は少なくない。天下って来ている役員などはとくにそうだ。役職が高くなる分、個室やパーティションなどでデスクの独立性が高くなるため、人目を気にせず、手持ちの株価チェックなどが好きなだけできるのだ。

一般的に年配の経営者の方はパソコンに弱い、詳しくない。だから、言われるままに、つい高価なシステムを入れたりするが、実際には宝の持ち腐れになっていることが多い。

逆に言えば、開発など特殊な仕事でない限り、パソコンなどなくても仕事はできるのだ。まして役員などはそうである。ほんの少し前を思い返してみて欲しい。あなたの会社だってパソコンなどなくてもちゃんと仕事をやっていたはずだ。

たとえば、納入予定ならホワイトボードに一カ月先まで手で書き込めばいい。いちいちパソコンを立ち上げなくても、いつでも誰でも確認できる。これで情報の共有化はできるし、パソコンでするよりも、納入遅れなどは減るはずだ。

つまり、パソコンが必要か必要でないかは、その部署の仕事ごとにしっかりと判断して、その上で約束事をつくって与えるべきなのだ。

「パソコンがないと仕事ができない」などと言う人間に限って、安易にメールを使い、肝心なときに相手との相互理解に齟齬《そご》を来し、「言った」「言わない」式のトラブルの原因をつくったりする。

そもそもメールで伝えられる情報は、自分の言いたいことの一割程度にすぎない。よほど文章の作成になれた人間でないと、必要な情報を一〇〇パーセント正確に伝えるのは難しい。その意味では、本当に大事な話はメールでは書けないのだ。直接会って、必要な資料を見ながら、じっくり話すしかないのだ。

会合の日時など、そのものずばりの情報に関してはメールは記録性があり、後から確認できるので残しておくと便利だが、情報そのものについては内容に間違いがないか、必ず電話で確認する必要がある。

対人コミュニケーションの大原則は、「電話」であり、「直接の面談」である。メールに頼りすぎるのは厳に慎むべきだ。

「私はメールで社員に指示を出してます」などと自慢げに話す若手経営者がいるが、正直、どうかと思う。メールで済んでしまう経営って何なのだろう？　そんな経営なら経営者などいらないのではないか？

社長がその調子では、何かトラブルが起きたとき、「お前、ちゃんと指示を出したのか」と聞かれても、役員以下、「はい、メールでちゃんと指示を出しました」と言ってみんな逃げてしまうのではないか。無責任の連鎖の最初の一歩が、ほかならぬ経営トップでは洒落にもならない。

だいたいメールで全社に流したところで、社員は「ああ、また社長が何か言ってるよ」くらいにしか思わないだろう。少なくとも私が社員ならそうだ。

長期のビジョンであれ、短期の目標であれ、喫緊《きっきん》の課題であれ、本当に社員に伝えたいことがあるなら、その方法は決してメールを一斉に出すことではない。たとえば、社長直筆の手書きの文書のほうが、よほど効果があるし、もっとも大事なことは、その内容について社長自らが折に触れて社員の前で繰り返し何度も説明することだ。トップが「言い続ける」ことで、初めてその意志は末端の社員一人ひとりにまで届くのである。

## 交渉事に勝つための「山路メモ」の力に感嘆する

前に「特許は陣取り合戦だ」と書いたが、私は仕事というのは、そもそもすべてが「ゲーム」だと思っている。たとえば人事は、勤め人にとってある意味最大の関心事だが、あれも主流派と反主流派の陣取り合戦だと思えば、腹も立たない。不本意な辞令が出ても、「まあ、しょうがないさ」と受け入れることができる。

交渉事などはゲームの最たるものだ。ゲームは事前に周到な準備をしたほうが必ず勝つ。その点、山路さんは事前準備の達人だった。

山路さんは、その日に起きた出来事を克明にメモしていた。それをその日のうちにノートに書き写し、きちんと整理していた。たとえば海外出張で有力企業のトップや幹部に面談すると、そのときのことを詳細に記録していた。

だから、そうした人たちの来日が決まると、すぐにノートをめくり、いつどこで面談したのか、話の内容は何だったのか、同席者は誰だったのか、会食はどうしたのか、家族構成はどうか、趣味は何か、などを確認し、今一度頭にインプットしておくのである。

その上で、「遠いところ、よくいらっしゃいました。あのときご一緒させていただいた舞台はとても楽しかったですね。またお会いできて光栄です」と出迎えるのである。こうすれば相手も、「ああ、そうでしたね。よく憶えています。私もとても楽しい時間を過ごしました」と最初からフレンドリーな雰囲気で面談に入っていける。

初めてその交渉術を目にしたとき、上手いなあと惚れ惚れしたものである。

兵法書として名高い『孫子《そんし》』にもこうある。

夫《そ》れ未《いま》だ戦わずして廟算《びょうさん》するに、勝つ者は、算を得ること多し。未だ戦わずして廟算するに、勝たざる者は算を得ること少なし。算多きは勝ち、算少なきは勝たず。況《いわ》んや算なきにおいてをや。

『兵法　孫子』(大橋武夫《おおはしたけお》、PHP文庫)

算は勝算、廟算とは開戦の前の軍議のこと。要するに事前に周到な準備を行ない、そこで勝っているものが、実際の戦でも勝利するということだ。

交渉事も同じで、事前にしっかり準備をして、たくさん情報を集めたほうが必ず勝つ。これは日本の外交を見れば一目瞭然だ。東南アジアの国々には勝てるが、欧米、わけても米国にはなかなか勝てない。諜報活動なども含めた情報収集能力が桁違いだからである。

交渉事に勝つには、まず情報戦に勝利しなければならない。それにはまず最初に相手方の担当者について家族構成、出身大学、経歴、人脈などを徹底的に調べる。その上で担当者の性格や趣味、癖などを調査分析し、交渉にのぞむ。これがセオリーだ。

逆に言えば、交渉事では、勝てるときでない限り、交渉のテーブルについてはいけない。自信のない交渉は、やっても必ず負ける。相手が一の準備をするならこちらは五の準備をして、勝てる段階になってから、初めて交渉のテーブルにつくのだ。

## 「七億円の負債を肩代わりせよ」――オーストラリア研究所秘話

キヤノンは海外にソフトウェアの開発を行なう研究所をいくつか持っている。なかでももっとも規模が大きく、成功しているのはオーストラリア研究所である。私はその設立に最初からたずさわった。

オーストラリアで複写機などを売る場合、いちばん大口の顧客は政府機関になる。ただし政府機関は、一定規模以上の工場などを同国内に持たない企業からは買えない決まりに、法律でなっている。

そこで当初は工場建設を考えたのだが、いざ現地に飛んでみると、だだっ広い上に人口が少なく、人はやたらとのんびりしているので、ものづくりの拠点には不向きとわかった。

それならと方向転換したのが、ソフトウェアの開発部隊をつくることだった。オーストラリアは英語圏で欧米との関係が深いこともあり、ソフトウェア開発のレベルが思いのほか高いことがわかったのだ。

海外法人を新設する場合、その成否は核になる現地の優秀な人材を確保できるかどうかにかかっている。その人物さえ見つかれば、すでに成功したようなものなのだ。

そこで何度もオーストラリアに飛んで、学生時代からベンチャー企業をやっている二〇代後半の男を見つけた。ベンチャー精神旺盛なたいへんに優秀な人間で、一人でソフトもハードも何でもできる素晴らしい技術力を持っていた。まさにうってつけの人材と思ったが、一つ大きな問題があった。彼の会社はおよそ七億円の負債を抱えていたのだ。

彼に研究所の話をすると、「そんなことを言われても、負債を何とかしないことには身動きができない」という。私は日本に帰ると、「アップルのスティーブ・ジョブズ氏にも勝《まさ》るような素晴らしい男がいる」と説明し、キヤノンによる負債の肩代わりを提案した。

しかし私の提案は一蹴《いっしゅう》された。

「お前は馬鹿か。見ず知らずのオーストラリア人に七億円も出せるわけないだろう」

そんなことで諦める私ではないから、その後も「ビル・ゲイツより凄いんです」と何度も説明をしたが、結局、提案は通らなかった。

さて、どうしたものかな、と思っていた矢先、オーストラリアの通産省の担当官から「キヤノンは本当に研究所をつくるのか」と確認の連絡があった。

「そのつもりだ」と返事を送ると、「それを保証してくれるなら、彼の会社の負債はわれわれが何とかする」と言ってくれたのだ。

これで彼の会社は清算の手続きができた。十数人いた社員を全員引き取って、そのスタッフをベースに四〇人ほどの規模で、キヤノンの研究所をスタートさせた。

キヤノンのブランド力は相当なもので、求人を出すと、シドニー大学やメルボルン大学のトップクラスの学生が集まってきた。

キヤノンのオーストラリア研究所は、今でもかなりレベルの高い、いいソフトウェア開発を続けている。

## 「窓から飛び降りろ」と言って、忠誠心を確かめるアメリカ人

一口に白人社会と言うのはやや語弊があるが、基本的に彼らは狩猟民族だから、日本とは違う意味で「ファミリー意識」がとても強い。先の七億円の負債の男にしても、私がヘッドハントしたせいだろう、私が担当している間は義理立てして研究所を辞めなかった。「意見の衝突があった」と言って彼が辞めたのは、私が担当から外れてしばらくしてからだった。

彼は研究所の設立時からいたわけだから、在籍年数は長かった。ある意味では日本人以上に義理堅いのではないかと思う。

ファミリーと言えば、米国の企業などを見ていると、トップが会社を移ると子飼いのスタッフも一〇人、二〇人単位でついて行くことが多い。米国と言えば、個人主義のイメージが強いが、実際はそうでもない。むしろ信頼できる人間でがっちりまわりを固め、チー

ムで狩りをするという印象だろうか。

実はこれは、「俺が俺が」の強烈な個人主義の裏返しで、ファミリーで一緒に動いて自分を守るようにしないと、いつ足元をすくわれるかわからない、という怖さがあるからではないかと思う。たぶん私たちの想像以上に競争が厳しいのだろう。

米国人は「お前は俺の味方か敵か」という意識が非常に強い。親分子分の関係も日本以上に強固である。だから、子分の忠誠心を確かめるために、窓を指差して、「ここから飛び降りろ」と平気で言ったりするそうである。

「できません」と言う人間はそれだけでアウト。「わかりました」と言って本当に飛び降りる人間だけが親分の信任を得る。「死んじゃうじゃない!?」と思うが、そこはそれ、ジョークの国である。飛び降りたら一階だったというオチがつく。

一方、日本は集団主義でどこへ行くにも団体行動のように見られがちだが、そんなふうにファミリーで会社を移るなどということは滅多にない。普通は個人で動く。

日本の場合は、どこへ移籍しようが、そこに馴染みさえすれば、いい意味での集団主義が働き、そうそうひどいことをされることもない。だから安心して一人で移籍できるのだ。

日本は農耕民族特有の大きな集団主義、欧米は狩猟民族特有の小規模な集団主義、という言い方ができるかもしれない。

## 外国ビジネスで騙されないための四つの心得

ここで、外国でビジネスするときの心得をまとめてみると、次のようになる。

### ①交渉内容は必ず文章化する

日本人は口約束を守るが、欧米人、中国人は守らない。よく日本で言われていることだが、必ずしも正しくない。

どこの国にも約束を守る人、守らない人はいる。言語、文化などの社会的背景が大きく異なる人間同士が、互いに対立する利害を調整するのは、大変、難しい。それぞれの人が微妙な食い違いを、ついつい自分の都合の良いほうに解釈して、お互いに意見が一致して約束したと思い込むことが多い。これが、後に口約束を守る、守らないという問題に発展するのだ。

そこで、話し合いの結果を必ず文章にして確認しあうことを習慣にする。これは、最近は日本人同士でも必要となった。

## ②交渉にはいい通訳を使う

シーメンスとトラブルになったとき、つくづく思ったのは通訳の技量である。「日本に帰ったら腹を切る」という私の気迫を、あのときの日本人通訳は、実にうまく伝えてくれた。彼が一緒になって怒りをぶつけてくれたからこそ、私の思いが通じたのだ。

どこの企業もそうだと思うが、外国ビジネスでは現地で使う通訳はだいたい決まっている。だから、ビジネスをうまく運ぶには、その人選をしっかりやることだ。

勉強家で、人間的にも素晴らしく、この人なら間違いない、こちらの心のひだまで丁寧に汲んで通訳してくれる――そういう人を探してくることである。

交渉事は、極端な話、通訳の良否で決まってしまう。

## ③「ギブ・アンド・テイク」の嘘を知る

よく「ギブ・アンド・テイク」と言うが、あれは嘘だ。下手に譲歩し、相手からも譲歩を引き出そうなどと考えようものなら、「お前、そんなに出せるんだったら、もっとよこせ」と言い出すのが、日本人以外の発想である。

外国人は、最初ははったりをかけてくることが多い。ダメで元々で理不尽なことを平気で言ってくる。そのはったりに乗ったら負けで、絶対にひっかかってはいけない。

だから相手が吹っかけてきたら、二倍くらいにしてやり返すことだ。たとえば、相手が「この機械は一個一〇〇〇円なら買ってもいいよ」と言ってきたとする。そうしたらこちらは「一個二〇〇〇円なら売ってもいいよ」とやり返すのだ。そのくらいでちょうどいいし、そうでないと駆け引きにならない。

最初から下手に妥協しようものなら、「こいつはまだまだ余裕があるな」と思われ、「七〇〇円にしろ」「五〇〇円にしろ」とさらにきついことを要求してくるに決まっている。

だから相手が「一〇〇〇円なら」などと吹っかけてきたら、「冗談じゃない。二〇〇〇円だって厳しいんだ」と突っ張ることだ。そうすれば、そこから値段の交渉がスタートできる。そして互いに妥協し合って、「しょうがない。一個一五〇〇円前後で手を打とう」ということになる。

## ④酒と女に気をつける

ビジネスは戦争、交渉事は戦いである。だから相手は何を仕掛けてくるかわからない。何でもありだと思わないといけない。とくに気をつけないといけないのは、酒と女である。「飲ませて、抱かせて」は相手をやり込めるための常套《じょうとう》手段だ。

実際、私自身、ある国で言われた。「女性をお世話しましょうか」と。しかし、とてもではないが、怖くてそんな誘いには乗れない。鼻の下を伸ばしてその手の誘いにほいほい乗って、後で「こんなものがあるんですけどね」などと淫《みだ》らな写真や映像などを突きつけられ、交渉の取引材料に使われたら大変なことになる。

しかし、そんな汚い手を使って交渉に勝ったとしても、相手の憎しみを買うだけで、必ず後で報復される。まっとうなゲームを戦い、勝敗が決したなら、「いやあ参ったよ」「いやいやそちらこそ手強かったよ」と互いの健闘を讃《たた》え合って別れることができるが、遺恨を残すような汚いゲームでは、たとえそのときは勝者になってもロクな評判が立たないし、巡りめぐってどこかでしっぺ返しを食うことになる。

それより、たとえその交渉では負けても、「あいつはもの凄いタフ・ネゴシエーターだった」と言われるほうが、その後のビジネスをやる上でずっとプラスになるのだ。

# 5章　経営者に必要な「無私の心」

## ――自分のことより、社員、会社を優先する

## 「当たり前のこと」をするのが、実はいちばん難しい

最近、弊社の視察を希望される企業が増えている。拙著『椅子とパソコンをなくせば会社は伸びる！』をお読みいただいた経営者の方から、「今度、部下を連れてお邪魔したいのですが、いいでしょうか」と直接お電話を頂戴することも少なくない。

視察に見える企業の方々がよくおっしゃるのは、「うちではやるべきことが、きちんとできていない」、ということだ。

私が『椅子とパソコン〜』で述べているのは、椅子をなくして立ち会議にしたほうが効率的な話し合いができるとか、パソコンはちゃんと管理しないと怠惰《たいだ》の隠《かく》れ蓑《みの》になるとか、ゴミが落ちていたら拾うとか、すべての業務で無駄をなくし、スピードアップを目指すとか、言われたことだけやるのではなく自分で考えてやるとか、要するに「当たり前のことをちゃんとやりましょう」、という話であって、特別なことは何一つ書いてない。

だが、そのやるべきことを当たり前のようにやるのが、実はいちばん難しい。奇をてらったことは物珍しさもあって意外とみんな面白がってやるのだが、当たり前のこととなる

と、「そんなことは今さら言われなくてもわかってるよ。いったい何年この仕事をやってると思ってるんだ」と馬鹿にして本気で取り組もうとしない。

高校野球の練習を見ていると、面白くない基本練習の反復が多い。なかでもバントの練習は最たるものだ。バントは走者を進める大事な技術で、ここで一点欲しいという場面で決定的な意味を持つことが多い。にもかかわらず、この練習を好んでやる人間は少ない。みんな思い切りバットを振りたいからだ。

しかし、日頃からきちんとバントの練習をやっていない人間は、しばしば試合の勝負どころでバントに失敗し、決定的な敗因となるものだ。

送りバントは、よく米国の奔放な野球と比較して日本野球の象徴であるかのように言われるが、あれは事実ではない。米国のメジャーリーグでも送りバントは珍しくないし、試合前にはクリーンアップを打つ強打者だって、ちゃんとバントの練習をするそうである。

あるときメジャーリーグの関係者が、「一流ほど基本の大切さを知っているんですよ」と語るのを聞いて、なるほどなと思ったものだ。それは裏を返せば、一流と二流を分けるのは、基本をどれだけ大切にしているか、ということだろう。

そう言えば、サッカー日本代表のジーコ前監督も、中学生がやるような、パスやドリブルやシュートの基本練習を必ずメニューに組み入れて選手たちに課していたという。基本は当たり前でつまらない。しかしその基本を疎《おろそ》かにすれば、必ず大事な場面でミスをする。われわれのような製造業であれば、それは不良に直結する。当たり前にやるべきことは、誰もが当たり前にやってくれないと困るのだ。

## キヤノンに届いた「酒巻を辞めさせろ」という投書

しかし、これがなかなかできないからやっかいだ。「ゴミが落ちていたら拾いなさい」といくら言っても、工場のあちこちに落ちている。「そんなことは言われなくてもわかっている」と言いながら、目の前にゴミが落ちていても拾おうともしない。

製造業は従業員が多い。それだけに「人間管理」はメーカーにとって経営の根幹と言ってもいい。だからこそ拙著を目にした経営者の方々は、「書いてあることはいちいちもっともだが、いったいどうやってそれを末端の社員まで徹底させているのか、その本当のところを見てみたい」と考え、わざわざ埼玉の秩父《ちちぶ》まで来られるのだと思う。

ある社長さんは、私が社内を案内しながら何か説明するたびに、お供の幹部の方々に、

「ほら、俺が言ってるのと同じことじゃないか！」

「見てみろ、これ、ちゃんとやってるじゃないか！」

と説伏《せっぷく》するように言い立てていらした。キヤノン電子ではできていることが、なぜ自分の会社ではできないのか、という歯痒《はがゆ》さと、キヤノン電子の事例を自分の主張の裏付けとして幹部社員の目を覚まそうとする意図が、そこからは垣間《かいま》見えた。

私はトップの意思が末端の社員まで浸透しない理由は大きく二つあると思っている。一つは「抵抗勢力の存在」、もう一つは「アナウンス不足」である。

実は私がキヤノン電子に赴《おもむ》いたときも、古参の幹部たちが抵抗勢力として立ちはだかった。たとえば、秘書室長という人物は、私が急ぎの用事があって、「すぐに来て下さい」と呼んだのに、「今、忙しいんです」と言って、これを拒否した。絶句である。唖然、呆然、目が点になるとはこのことだ。

こんな連中が社長の下にいたのでは改革などやれるはずがない。私は抵抗勢力を一掃するため、一年間じっくり人物観察を行ない、会社をダメにしている元凶《げんきょう》たちを特定すると、ただちに降格人事を断行した。これを不服として自ら会社を辞めた者もいるが、改革の本質を理解して前任ポストに返り咲いた者もいる。キヤノン電子では敗者復活は珍しくない。

人物観察に一年を要したのは、

**①人物の吟味が不十分だと人材の最適活用が難しくなる**

**②それまでの人員をすぐに動かしてしまうと問題の根本原因が見えなくなる**

という二つの理由による。拙速な人事は、かえって状況を悪くする恐れがあるのだ。いずれにしろトップの意向が末端まで反映しない場合は、抵抗勢力の存在を疑うべきだ。そして、もしそうであるなら、思い切って人事に手をつけるべきである。

当然、その一派からは強い反発がある。親分を切られた腹いせに「社長は横柄だ」とか、「自分の好き勝手なことをやりすぎる」とか、匿名の投書がたくさん届くだろう。私の場合は、キヤノン本社に「酒巻を辞めさせろ」という投書が殺到した。しかしキヤノンの総帥《そうすい》である御手洗・現会長が私を支援してくださり、「物事にはホドホドが良い場合もあるぞ」と諭した上で、笑って、「どうせお前は徹底的にやるだろうけどな」と言ってくださったことは、本当に嬉しかった。

抵抗勢力に負けていたら私の改革は頓挫《とんざ》し、成功しなかっただろう。そうした抵抗勢力の闇討ち的な最後の反乱には絶対に負けないことである。

## 大事なのは「言い続けること」

もう一つの可能性は、トップ自らの「アナウンス不足」だ。

経営の理念、方針、中長期の目標、戦略、喫緊の課題、訓示……。全社員に伝えたいことがあるなら、口を酸《す》っぱくして言い続けなければならない。必要であれば、一年でも二年でも五年でも一〇年でも言い続けるべきである。

近頃は、「指示は全社員にメールで出しています」というトップもいるようだが、本当に伝えたいことはメールに頼らないほうがいい。何度もスクロールをかけないと読めないような長文の訓示など、「ああ、面倒くさい」と言って社員はろくに読みはしない。

それより言いたいポイントだけびしっと整理した直筆《じきひつ》の訓示を社員なら誰もが目にする場所にどんと張り出したほうが、「おお、何だ何だ？」と興味を持って見てくれる。あるいは直筆の訓示を部下に手渡し、全社員に周知徹底させるのでもいい。

そして折に触れて、社長自らそれを直接語ることである。必要であれば、何度でも繰り返し語るべきだし、何年でも言い続けるべきだ。そうすることで初めてトップの声は、末端の社員一人ひとりにまで届くのだ。

ある経営者の方から、「キヤノン電子は社員を大事にする、いい会社ですね」とお褒めの言葉をちょうだいしたことがある。私は恐縮しながらこう言った。

「それはちょっと違うんですよ。まだ大事にしきれていないから、大事にする、大事にすると言っているんです。本当に大事にするようになってきたら、もう言いません」

社長が本や講演、取材などを通じて、しょっちゅう、「キヤノン電子は社員を大事にする」と言っていたら、幹部連中だって「社員を大事にしなければ」と思うし、社員にしても「大事にされている」と思うようになるのだ。

言葉というのは言い続けることで力を持つようになる。

## トヨタとキヤノンのどこが似ているか

キヤノンの強さとトヨタの強さは似ている。トヨタ方式（あるいはトヨタイズム、トヨタウェイ）というのは、表現の仕方が違うだけでキヤノンの「三自の精神」（自発、自治、自覚）と基本的に同じだと思う。

それは一言で言えば、言われたことだけをやるのではなく、主体的に考え、行動できる強さである。末端の社員まで自分で考える癖がついていて、それが企業の風土として定着しているのだ。

「俺たちの言うとおりにやれ。そうすれば失敗はない」と言って軍隊のような非常に統率の取れた動きをする企業もあるが、言われたことしかできなかったら、チャレンジ精神など育つはずもなく、やがて企業は行き詰まってしまうだろう。

ならば、どこの企業もトヨタ方式を導入すればいいではないか、と思うが、これがなかなかうまくいかない。いざ導入しようとすると、たいてい失敗してしまう。

なぜか？

「仏つくって魂入れず」で、末端の社員まで考える癖をつける前に、形だけ真似しようとするから失敗するのである。言われたことだけをやるのではなく、主体的に考え、動けるような組織へと全社的な意識改革を行なってからでないと、いくら立派な経営システムを持ってきたところで意味がない。

キヤノンやトヨタは、そうした意識改革をやり続け、よき伝統として風土化してきた。これこそが新しい挑戦の原動力となり、人や技術を育て、持続的な成長を支えてきたのだ。

ただし企業の風土というのは、組織（＝人間集団）の精神性そのものだから、それを維持発展させていく努力を怠ると、たちまち崩れてしまう。人の心は弱い。しかも伝染する。一度悪いほうに転がりだしたら、組織丸ごと、あっという間に坂道を転げ落ちていく。

だから常にトップは、「言われたことだけやっているやつに用はない！」「自分のための仕事だと思えないやつは今すぐ辞めろ！」と言い続けなければならないのだ。

## キヤノンの実力主義――文句を言ったら給料を上げてくれた

キヤノンは実力主義で、学歴はいっさい関係ない。

私が若かった頃のキヤノンには、専門職と技術職という二つの試験があり、これに合格しないと昇進できなかったが、それさえクリアすれば、あとは実力次第でいくらでも出世できた。

この気風は基本的に今も変わっていない。実際、私の場合も、ノンエリートであちこち歩いた割には大きな減点もされず、そこそこ出世できた。

ただし最初のうちは、驚くほど給料が安かった。あんまり安いので、「こんなに働いてるのに、どうしてこれしかくれないんだ！」と人事に文句を言いに行ったことがある。

そうしたら、ちゃんと上げてくれた。人事考課は上司の裁量だから、人事部のほうで私の上司に、「もう少し評価を上げてやってもいいんじゃないか」と掛け合ってくれたのだろう。

当時は人事制度などあってないようなもので、社員も会社側も信じられないほど自由でオープンだった。実際、私のように給料を上げてもらった人間は、ほかにもいくらでもいた。まあ、どんぶり勘定だったということだろう。

もっとも、いくら文句を言っても、「お前、何言ってんだ」と相手にされない人間もいた。もともと使えない人間、働きの悪い人間である。そういう社員に対しては、「自己評価だけは立派だな」「自己満足もいい加減にしろよ」と門前払いだった。

その意味では力のある人間にはちゃんと報いる実力主義のはっきりした会社だった。たいした仕事をしなくても年齢を重ねればポストも給料も上がる年功序列制とは一線を画すところがあって、なるべく若い世代から面白い人間を役員として登用し、次の世代の経営者を育てようという意識が強かった。

旧弊《きゅうへい》を打破し、新しいことに挑戦するには若い力が不可欠だ。キヤノンはそうやって新陳代謝を心がけ、組織が動脈硬化を起こすのを防いできたのだ。

## 海外勤務をしても、必ずしもタフな交渉力が身につくわけではない

最近は海外経験の豊富な人が会社のトップになるケースが多い。私の場合は何年にもわたるような海外赴任の経験はなく、せいぜい数カ月単位の長期出張の経験しかない。

しかし、長期出張の数はキヤノンでも指折りの多さだったし、ドイツのシーメンスにとんでもない目にあうなど、それなりにいろいろな経験を積んできた。グローバルな企業であれば、海外へは行かないよりは行ったほうが絶対にいい。

ただし、海外勤務といっても、現地法人の管理職であれば、基本的には現地法人にいる日本人の管理と、その法人の中で日本人に近い待遇の現地人の管理をしているだけだか

ら、たとえ一〇年いたとしても日本語に近い英語が上手になるくらいで、特殊な能力が身につくわけではない。

学生の頃から米国や欧州で生活し、日本企業の現地法人で採用になり、そこで管理職にまで出世したとか、最初から海外の企業に就職して役員にまでなったとか、そうした本物の海外経験が豊富なら話は別だが、日本から現地法人に派遣されての海外勤務では、経験値としてもたかが知れている。

日本の現地法人に派遣されたからといって、その国の本当のエスタブリッシュメントとの交渉を通じてタフなネゴシエートの仕方を覚えたり、米国社会に深く食い込むためのパイプを得たりできるわけではないのだ。キヤノンの御手洗・現会長のように、米国勤務時代に支配階級の人々と「俺、お前」の間柄になったというような経験が持てる人は、極めて少ないようである。

だから、行かないよりは行ったほうがいいが、かといってそれが出世のプラスになるかと言えば、必ずしもそうではない。要は海外でどのように過ごしたかが大切なのであって、海外経験は出世の必須の要件ではないということだ。

逆に、海外へ長期で行く場合は、変に外国かぶれにならないように注意しないといけない。その昔、米国から帰った部下が、突然、「十時出社と服装の自由化を認めろ」と言い出して驚いたことがある。

自分なりのものの見方、考え方がしっかりしていない人、とくに若い人ほど外部環境に影響されやすい。哲学なき海外行きは外国かぶれのもとと知るべきである。

## 根拠・防御・自信——コンサルタントの存在理由

日本ではコンサルタントを頼んで失敗するケースが多い。その理由は米国との比較でみると簡単にわかる。

米国の経営者は、自分が何をやりたいのか、明確なイメージを持っている。

ただし全部自分でやってしまうと、失敗したときに株主から突き上げを食らう。訴えられるかもしれない。そこで有名どころのコンサルタントを連れてきて、「俺はこういうことをしたいんだ。これを裏づけてくれ」と頼むのである。

とくに外部から落下傘《らっかさん》でトップの座に就いた人間であれば、最初は社内の協力が得にくいから、なおさらコンサルタントのお墨付きがものを言う。

そうやって自分のプランに根拠を与え、役員会や株主総会などの席で、「ほら、コンサルタントの分析でもこうでしょ」と言ってみんなを納得させるのだ。こうすれば、周囲の雑音を排し、自信を持って自分のプランを実行に移すことができる。

つまり米国の経営者は、「根拠と防御と自信」という三つの明確な目的を持ってコンサルタントを使うのである。これがコンサルタントをうまく使って成功する、ということの内実である。

ところが、日本ではそうした理由での利用は稀《まれ》である。

多くの経営者は、自分にできないことをコンサルタントに「肩代わり」してもらおうと思っている。自分がやろうとしていることにお墨付きを与えてもらうのではなく、本来、自分がやるべき経営改善や新たな事業展開などを彼らに「丸投げ」するのである。これではうまくいくはずがない。経営責任の放棄と言われても仕方がないだろう。

コンサルタントは、よその会社の「評価」はできても、実際の経営はできない。それは文芸評論家が小説を書けないのと同じである。もしそれほど経営手腕があるなら、よその会社の面倒など見ていないで、自分で大きな会社を育てればいいのだ。コンサルタントが即、経営者になれるほど経営は甘くない。

コンサルタントは評論家と同じである。あくまで外部の評価機関であって、それ以上でも以下でもない。「あの人（会社）に頼んだら、うちの会社をよくしてもらえるんじゃないか」——。そんな丸投げ発想で使えば、必ず失敗する。

くれぐれも幻想は持たないことだ。

## MBAも一つの道具にすぎない

転職の武器、キャリアアップ、経営者教育、人脈の形成……。MBA（経営学修士：Master of Business Administration）を出世の切り札、特急券と期待して取得する人は少なくないだろう。

しかし、コンサルタントにしてもそうだが、経営戦略やマーケティングなどの知識は、ビジネスマンや経営者として成功するための一つのツール、道具にすぎない。いくら知識があってもそれを使いこなせなければ何の意味もない。

私は、知識が単なる知識でしかない頭でっかちの人間を、うんざりするほど見てきた。座学は所詮、座学で終わることが多い。銀行、証券などの世界は知らないが、少なくとも製造業では、海外の有名ビジネススクールで得た高度な知識より、人の痛みや人生の機微のわかる、現場で叩き上げた工場長の人柄や経験のほうがずっと貴重である。

高学歴で周囲から頭脳明晰と言われる人物が、海外の現地法人を任されたものの、半年もしないうちに日本へ呼び戻されることがある。どこかに特権意識や差別意識があって現地のスタッフと軋轢《あつれき》を生じ、収拾がつかなくなるのである。

代わってその処理を任されるのは、たいてい現場叩き上げで、人望の厚い工場長タイプだ。華々しい学歴や職歴とは無縁な人が多いが、無意味な優越意識を持っていないから、相手が外国人でも言葉や文化の壁などすぐに乗り越え、心をつかんでしまう。

結局、仕事で大事なのは学歴より「人間力」なのだ。

ＭＢＡを取得するのもいいが、それが出世や成功の近道だと思ったら、必ず痛い目にあう。それよりも大切なのは、若いうちはどれだけ自分の仕事を面白がれるかだ。いつも頭の真ん中に仕事を置いて、二四時間、夢中になって働けるかどうかだ。

それには目の前の仕事に懸命に取り組むことだ。いろいろな仕事や部署をまわることも厭《いと》わないことである。何事も夢中になってやれば、必ず自分のプラスになる。やる前は嫌っていた仕事が、実は天職だったなどというのはよくあることだ。

そして人の気持ちのわかる、「使われ上手」になることである。管理職になったら下の気持ちが見えにくくなることを肝に銘じ、人物観察を通じて部下の管理に気を配ることだ。そうやって人間力を磨くことである。

そうすれば、上司の信頼も成果もポストも必ずついてくる。結果的にサラリーマンとして成功できるはずだ。

だから、「海外に行ってMBAを取らなきゃ」などと考える暇があったら、まずは自分の仕事にとことん夢中になり、人の気持ちを知ることである。その上でMBAを考える。

それこそが成功のいちばんの近道だ。

## 「無私の心」がない人間は、結局はダメである

「天網恢恢《てんもうかいかい》、疎《そ》にして漏《も》らさず」というが、なるほど悪いことはできないもので、会社の利益より自分の利益を優先するタイプの人間は、いつか必ずボロを出す。

これをやると自分の評価が高くなるとか、これをやって失敗したら自分の評価が低くなるとか、そうした手前勝手な了見というのは、どれだけうわべを装い、心の奥に巧妙に隠

したつもりでも、いつか必ず露見するものである。

正体がバレた後の周囲の視線は厳しい。行動基準が欲得次第の損得勘定では、それも当然で、「あいつがこれを成功させたら、えらい評価が高くなっちゃう。冗談じゃない、あんな奴にいい思いをさせてたまるか」と足を引っ張られること必定《ひつじょう》である。

サラリーマンで成功したいなら、「俺の手柄にしたい」などと不埒《ふらち》なことを考えてはいけない。「私」を抑えて、「無私の心」を貫くことである。

それには純粋に仕事を面白がることだ。もっと技術を磨きたい、もっといいものをつくりたい、もっと会社をよくしたい、そういう気持ちで行動することである。

たとえば、私のような技術者であれば、自分の開発テーマを成功させることが、その技術分野の一大進歩となり、会社の成長にも社会の発展にも大きく寄与すると信じて取り組むのである。

逆に言えば、執念を持ってやりたいと思うようなテーマは無私の心から出ていないとダメだということだ。

いずれにしろ、私心を捨てて純粋に仕事を面白がることができれば、まわりも「あいつは欲得抜きで動く男だ」と見てくれる。管理職であれば、部下に厳しいことを要求しても、私心がないとわかっているから、必ず理解してくれるし、ついてきてくれる。

## 夢を取るか、出世を取るか――生き方が問われる場面

無私の心を貫くには、成果を譲ることである。

自分で手柄を独り占めにしようとすれば、必ず足を引っ張られるようになる。それより自分の夢がかなうとわかった時点で、成果は部下や同僚に譲ったほうが、その後も協力を得やすい。「あの人は成功の目処《めど》が立てば、自分たちに手柄を譲ってくれる」となれば、誰もが安心して力を貸してくれるものだ。

要するに、手柄を独り占めにして出世したいのか、それとも夢を実現するだけで十分満足と考えるのか、二つに一つなのだ。

手柄を独り占めにすれば出世はできるだろう。しかし夢も出世もと欲張れば、必ず敵をつくる。その後はいつ足元をすくわれるかわからない不安と同居しなければならない。

一方、手柄を譲っていれば、当然、出世は遅くなる。譲られたほうが先に出世の階段を上がっていくこともあるだろう。しかし、そうやって成果を譲っていれば、その後も部下

や同僚は協力を惜しまないだろうから、新たな自分の夢に思い切りチャレンジできる。それにそんな人間のことを、しっかり見てくれて、評価してくれる上の人間もいるものだ。

口幅ったい言い方になるが、私は夢と出世であれば、夢を実現することに重きを置いて仕事をしてきたつもりだ。その結果、出世はついてくるものだ、と思って仕事をしてきたし、出世のためにおべんちゃらを言ったり、信念を曲げることは、性分としてとてもじゃないができなかった。

夢や信念を取るか、出世を取るか――。サラリーマンであればそういう局面が必ずあるだろう。最後は個々人の生き方の問題と言えるかもしれない。

## キヤノン電子が中国に進出しない理由

企業の目的は利益を上げることである。理由は大きく三つある。①社員の生活を守る、②株主に配当する、③税金を納めて社会に還元する、である。

経営者の仕事とはこの三つを実現することであり、そのベースになるのは社員が喜んで働けるような環境をつくることだと私は思っている。その意味では雇用の確保は大前提であり、キヤノン電子ではそのためにできるあらゆる努力をしている。

実はキヤノン電子では、二〇〇六年までの四年間で、キヤノン本体から受注していた約四〇〇億円分の受託生産が消えた。キヤノンがその分の生産をそっくり中国へシフトしたからだ。キヤノン電子が中国に最新鋭の工場をつくってそのまま受託生産を続ければいいではないか、という話もあったが、断った。「中国には行かない」というのが弊社の方針だからだ。

理由は言うまでもない。雇用を守るためだ。中国に生産を移転すれば、人件費が安い分、利益は出るだろう。しかし仕事のなくなった国内の従業員は解雇するしかなくなる。社員の生活を犠牲にしてまで会社利益を追求するのは、私の経営理念に反する。そんなことをするくらいなら、国内にとどまり、消えた四〇〇億円分をみんなで頑張って穴埋めしたほうがよっぽどいい。

そこで、これまで以上に経営の効率化に努めるとともに、自社開発による新製品の市場参入を進めた。その結果、小型成形機や生ゴミ処理機、情報漏洩《ろうえい》防止ソフトなどが売上増に貢献し、消えた受託生産分の穴埋めに成功しつつある。二〇〇六年度は、まだ一〇〇億円ほど不足したが、自社開発を進めると同時に周辺技術の強化策としてイーシステム㈱を買収した。結果、予定以上の売上にすることができた。これからも積極的に行動するつもりである。

人口減少社会は高齢者の労働市場を必ず広げる。そうなると高齢者が無理なく安全に働けるような、環境整備の面でビジネスチャンスが生まれるだろう。すでに弊社では「補助装置」などの自社開発にその可能性を模索し始めている。

会社というのは面白いもので一度黒字になるとどんどん儲かるようになる。売上はトントンでも利益が伸びるようになる。これはもう間違いなくそうなる。

なぜかと言えば、みんながその気になるからだ。それまで赤字だったのが黒字になると、「そうか、こうやればいいのか」と自信が出るのである。

今は、消えた受託生産分をカバーする必要から、利益率よりも売上増に比重を置いているのだが、「世界でトップクラスの高収益企業になろう」というスローガンのもと、利益重視の体質が根付いてきた証拠なのだろう、あえてそこまで要求しなくても、売上はもとより、しっかり利益も稼ぎ出しているのだ。

キヤノンが受託生産分を中国へ移してくれたのは、わがキヤノン電子にとっては自社の開発力を強化し、ワンランク上の企業へ飛躍するための、まさに千載一遇《せんざいいちぐう》のチャンスと言える。せっかく到来した絶好の機会である。逃す手はない。大いに利用すべきだ。

「奇貨《きか》、居《お》くべし」、である。

## 社員を疲弊《ひへい》させず、やる気にさせる目標の設定方法

キヤノン電子では次年度の利益率の目標を決めるとき、達成可能な数字より、少し抑えるようにしている。たとえば、今年度の実績が一二・九パーセントで、来年度は一四・五パーセントはいけそうだとしても、あえて一三・二パーセントとか一三・五パーセントに抑えてしまうのだ。

なぜそうするのか？

実は、キヤノン電子では実際の利益率が目標を上回った場合は、その分をそっくり社員に還元することにしている。あえて目標値を抑えるのは、超えた分を社員に還元することで、やる気を引き出すためだ。

仮に一三・二パーセントと予測し、一四・五パーセントを達成したら、予測を上回った一・三ポイント分は、「やればできるじゃないか！」と言って、年二回のボーナスとは別

に、クリスマスの前に現金で支給する。支給額はよく働いた人には厚くするなど、貢献度によって差をつけている。

先ほど、消えた受託生産分をカバーする必要から、今は利益より売上に重きを置いているが、社員はしっかり利益も稼ぎ出していると書いた。それは利益重視の体質ができてきたのに加えて、目標を上回る利益率を実現すれば、超えた分は社員に還元されるというインセンティブがあるからだ。

もし達成可能な一四・五パーセントを目標値としてしまうと、社員はそれをクリアするのに精一杯で、それ以上の実績を残すのは難しくなる。経営陣が高望みをして予測を誤れば、一四・五パーセントどころか、一三パーセント台の数字しか残せないかもしれない。

社員に目一杯のノルマを課し、それができて当たり前、できなかったら「お前ら、少したるんでるんじゃないか」と怒られる――。これでは社員はたまらない。

一般的にノルマというのは達成するたびに「もっとやれるはず」と切り上がっていく。そうなると達成すべき目標数値はきつくなるばかりだ。

「絞れるだけ絞ればいい」という発想では社員はやる気をなくす。当座は会社に利益をもたらし、「あの人は優秀な経営者だ」と言われるかもしれないが、いずれは「馬鹿らしくてやってられるか」と社員の怠業（サボタージュ）を招き、不良の続出など手痛いしっぺ返しを食らうだろう。

そんな経営は社員の幸福を考えた経営ではない。それは社員の生活を守るより、株主に評価されたい経営者のすることだ。トップが名を成さんがための経営をすれば、社員は必ずそっぽを向く。

ムチばかりくれていたのでは社員は働いてくれない。気持ちよく働いてもらうには大きな飴玉も必要なのだ。

## 株価なんてどうでもいい

私は株主説明会に行ったことがない。「社長が来ないのはどういうわけだ!?」と文句を言う向きもあるようだが、投資に必要な情報はすべて提供している。あとはそれで判断してくれればいいのであって、何も私がいなくても問題はないはずだ。それに高配当も実施しているのだから、そもそも株主には十分報いていると思う。

会社を預かる身としては、株主に説明するための外出よりも、もっと会社をよくすることに頭も時間も使いたいというのが正直な気持ちである。それは最終的には株主の利益にもかなうことだと思う。

もしそれでも「社長が顔を出さないのはけしからん」と言うなら、何も無理して弊社の株など買っていただかなくてけっこうですよ、と申し上げたい。

私はキヤノン電子の株はほんの少ししか持っていない。だから、誤解を恐れずに言えば、株価などどうでもいいのである。

私の興味は、社員を幸福にし、会社をよくし、株主に適切な配当をし、納税により社会に貢献することだけだ。それをどう評価するかは株式市場の問題であって、私のあずかり知らぬことだ。

私は株価のために仕事をしているのではない。ただし、トップが会社をよくするための努力を怠らない限り、市場の通信簿である株価は自ずとついてくると思っている。

自社株についてはよく「もっと持て持て」と言われるが、あえて持たないようにしている。自社株をたくさん保有すれば、「あの人は株を持っているから、もっと利益率を上げろなんて言ってるんだろう」と必ず陰で言われる。痛くもない腹を探られるのはかなわない。

トップが会社の経営を私的な利益のために利用していると思われたらおしまいである。だから拙著にしても印税はいっさい自分は手にしていない。世間では自分のポケットに入れる経営者の方が少なくないようだが、私の場合はすべて会社に入るようにしている。そうでないと、「キヤノンの情報を使って本を書いて金儲けをしている」と必ず批判されるし、同じことを部下がやろうとしても止めることができない。

上に立てば立つほど私を捨て、無私の心でのぞまないといけないのだ。

## 人事の仕事は、人の管理ではなく人の話を聞くこと

経営者と言っても、オーナー経営者を除けば、所詮はサラリーマンである。「俺はトップだ、偉いんだ」と勘違いしている人もいるが、実は一般の社員と同じサラリーマンにすぎない。たまたま運良くそのポジションを手に入れただけである。

だから自分もサラリーマンだという気持ちを忘れてはいけない。私が一般社員ならどう思うか、どうしてもらったら嬉しいか、何をされたら嫌になるか、頭にくるか——？　そういう発想が必要である。

そして「自分が若かったらこういう会社で働きたい」と思えるような職場づくりを考えることだ。そうすれば、まず間違いなく、みんな一生懸命に働いてくれる。

そこで重要な役割を担うのは「人事部」である。人事は組織づくり、人使いのカギを握る部署であり、相手の気持ちを汲み取るプロでなければならない。

ところが、上に「他」をつけて「他人事《ひとごと》」とはよく言ったもので、つい他人事の対応になりがちだ。これでは誰もが働きたくなるような職場づくりは難しい。

そこでキヤノン電子では、「われわれの仕事は従業員のみなさんが安心して、希望を持って働けるような職場にすることです」と特筆大書した紙を人事部の壁に張り出している。人事とはかくあるべしと、常に意識して仕事をしてもらうためだ。

その要諦《ようてい》は、「人の管理をするな。それより人の話を聞け」、ということだ。有能な人間が人の管理をすれば会社はよくなるが、無能な人間が人の管理をすると、すぐに人ばかり増やしたがって、無駄に組織を肥大化させてしまう。

そうした無能の管理の愚を避けるには、人事は下手に人の管理などするより、営業や企画など各部署をまわって、「どういう人が欲しいですか？　なぜそういう人が欲しいんですか？」「今の職場環境でどういう問題がありますか？　どうすればもっと働きやすくなりますか？」と聞いて歩くことだ。

人の管理は各部署に任せておけばいい。それを自分たちでやろうとするから人がいる。人の管理をやめれば、人事の要員は三分の一に削減できるだろう。

何より職場改善のための御用聞きに専念すれば、「人事は自分たちの身になって考えてくれる」と思うから、みんなが相談に来るようになる。

「他人事」を返上し、親しみやすい相談部署に生まれ変われるのだ。

## 社員が喜んで働いてくれる環境とは？

経営者の大事な仕事の一つは、社員が喜んで働いてくれる環境を用意することだ。「自分が社員なら、こういう環境で働きたい」、そう思えるような職場をつくることである。

私がキヤノン電子の社長になって最初にやったのは社員食堂を充実させたことだ。口では「社員を大事にする」と言いながら、食堂は汚い、出てくるものはまずいでは、「今度の社長は口だけだ」と社員は思うだろう。

だから食堂をきれいにし、食器も体にいいものに替えた。環境ホルモンの危険があるプラスチック製をやめて、すべて陶製の器に取り替えた。食材もできるだけ無農薬の野菜を使うなど安全性に気を遣うようにしている。

もちろん味にもこだわっている。おいしい米を選んでいるし、栄養のバランスを考えて、味噌汁にサラダに煮物もつける。刺身だって、そこらで買ってきたようないい加減なものは出さない。ちゃんと市場から仕入れた美味《うま》い魚をさばいて出すようにしている。それこそマグロ丼を出すなら「ケチなことを言わずに一本買ってこい」と言っている。

食堂費は赤字になればキヤノン電子が全額補塡《ほてん》するので、業者は赤字になることはない。「安心して社員に美味いものを食べさせてくれ」とお願いしている。

そうやって、安全でおいしいものを、なるべく安く提供するようにしているのだ。

社食は夜もやっているので、独身者はもとより、既婚者でも「うちより美味いから」と食べて帰る者がけっこういる。外部の人にも食べていただくことがあるが、みなさん「おいしい！」と言って褒めてくださる。社食は弊社の自慢の一つだ。

ここまで社食を充実させれば、「会社は社員のことを大事にしてくれてるんだな」と誰もが思うようになる。

私と社員の信頼関係は、社食から始まったと言ってもいいだろう。

食堂をきれいにしたら、みんなが汚さないように大切に使うようになった。神奈川県中部を流れる相模川《さがみがわ》の馬入橋《ばにゆうばし》付近（平塚市）の河原は、かつてゴミの不法投棄でひどい惨状を呈していた。しかし、ゴミを片付け、そこに花を植えたら、ゴミを捨てる人がいなくなった。

それと同じで、きれいにしたところは、人間心理として汚すのに躊躇《ちゆうちよ》が出てくる。逆に言えば、だからこそ職場はいつもきれいにしておく必要があるのだ。これを怠れば、躊躇のハードルが外れ、すぐにまたみんなが汚すようになる。

「正常状態」はゴミ一つないきれいな状態であり、そこに紙切れ一枚でも落ちていれば、それは「異常状態」なのだ。絶対に見逃すことなく、拾わなければならない。

## 社食を充実させたら、社員の医療費が激減した

キヤノン電子では、二〇〇六年四月から健康保険の保険料率を一〇〇〇分の七八から一〇〇〇分の六四に引き下げた。

料率引き下げに貢献したのは、ほかでもない社食である。健康に配慮した、安全でおい

しくて栄養バランスのいい食事を提供し続けた結果、この一年で病院にかかる割合が約三割も減ったのだ。社食を充実したら社員が健康になったのである。

年間の維持費が一〇〇〇万円もかかっていた健康保険組合所有の体育館を秩父市に売却したのも大きかったが、最大の要因はやはり社食である。

サラリーマンにとって天引きされる保険料は、馬鹿にならない。それが社食のおかげで、なんと平均で年間四万円ほども安くなった。月にすれば三〇〇〇円強である。大手のベースアップが月額約一〇〇〇円というのを考えれば、このほうがはるかに実質手取りのアップになる。社員が喜んだのは言うまでもない。

## 環境対策が早かったキヤノン——トップの倫理観が会社の命運を握る

有機塩素系溶剤の一種でトリクロロエチレンというのがある。無色透明の液体で、ドライクリーニングのシミ抜きや金属、機械などの油落としなどに使われる。

洗浄剤、溶剤として優れている一方で、排出された後も分子構造が強固に安定しているため、土壌汚染、地下水汚染のいちばんの元凶となっている。

しかし、このトリクロロエチレン、昔は無害とされていた。私が若かった頃は、これで手を洗い、その後、食事をした。工場敷地内の地面を素掘りにして、そこに捨てる企業も少なくなかった。それが今になって環境汚染物質として問題視されるようになった。

これに自主的に迅速に対応するのと、地域住民などに指摘されてから仕方なく対応するのとでは、企業の倫理観に大きな違いがある。

たとえば、ある大手の不動産デベロッパーは、土壌汚染された土地であるのを知りながらマンションを分譲し、それが指摘されてからも実に不誠実な対応をしていた。これは結局、トップの倫理観の問題だと思う。

その点、キヤノンは一九六〇年代に独自開発した複写方式「NP方式」に「ノン・ポリューション（=人に優しく人体を汚染しない）」という意味を込めるなど、環境問題への対応はとても早かった。

それはひとえに鈴川さんと山路さんという二人の倫理観に負うところが大きい。

トップの倫理観は必ず組織の精神性に影響を及ぼし、企業活動に反映される。コンペティター（競争相手）と複写機の熾烈《しれつ》なコストダウン競争をしているときに、「環境対策を忘れるな」と上から言われ、「何を言ってるんだ、こんなときに。そんなことを言ってたらコンペティターに負けちゃうじゃないか」とみんなで毒づいたことがある。

しかし、環境対策とコストダウンを両立させるための勉強会を続けるうちに、「なるほど世の中の流れは確実にそういう方向に動いている。これは今のうちにそうした技術を確立しておくほうが、将来的に有利だ」と誰もが納得するようになった。

倫理観に裏打ちされた確かな経営方針を鈴川さんや山路さんが示したからこそ、キヤノンの環境対策は早くから進んできたのである。

環境問題への取り組みはキヤノン電子も力を入れている。たとえば、一九九九年と二〇〇四年を比較すると、$CO_2$排出量で四六パーセント、電力料金で四四パーセント、水道料金で五四パーセント、廃棄物総排出量で二五パーセントもそれぞれ削減に成功している。

このほかにも、循環型社会を意識して企画段階から再利用を考えた設計をしたり、廃棄物ゼロのための理論や技術の確立を目指したり、地球環境に悪影響を与えないグリーン調達（環境に配慮した原材料を選択して調達すること）を実践したりしている。

ちなみに日本経済新聞社の「第七回　環境経営度調査」（二〇〇三年十二月）ではキヤノン電子は製造業の十三位にランクされた。一位は本社のキヤノンであった。

### トップと二番手の差なんて、すぐに埋まる

鈴川さんは、表に出たがらない人だった。キヤノンの「技術の父」と呼ばれ、歴代のトップに勝るとも劣らない力量、大才を持ちながら、そういう柄ではないと固辞していた節がある。

鈴川さんは兵器の開発にたずさわった海軍の技術将校だった。戦争とはいえ、それらの兵器で若い将兵をたくさん死なせてしまったという罪の意識から、表舞台で自らスポットライトを浴びることをよしとしなかったのだろう（これはあくまで私の推測であるが）。

鈴川さんにはずいぶんいろいろなことを教えてもらったが、あれは至言《しげん》だったなと今でも憶えているのは、「二番手はすぐに成長する」という言葉である。

トップと二番手というのは実はそれほど差がない。トップは「ここには俺に代わる人間はいないだろう」と思いがちだが、その人が退いて二番手が上がれば、ちゃんとトップの仕事をやるものだ。だから、「あの社長がいなくなったらたいへんだろう」などと心配することはない。二番手はすぐに成長する。地位は人をつくるのだ、と。

優秀な人は、とかく「自分以外はみんな馬鹿」と思いがちだ。それがすぎると人の話に耳を傾けない独断的で専横な会社運営に走りやすい。こうなると「なるほど、ごもっともです！」と世辞、追従の限りを尽くすような取り巻き連中が必ず跳梁跋扈《ちょうりょうばっこ》しはじめる。

そうなると、耳の痛い話は社長に届かず、社長の思いもまた末端まで行き渡らなくなる。やがて組織はガタガタになり、社長は裸の王様になってしまう。

経営者と言っても多くは所詮サラリーマンだ。運良くその地位を得たが、自分だけが特別な存在であるわけではない。二番手との実力差だって実はわずかなものだ。

トップはまず社員の幸福のために働くのが仕事である。そう思って社員の立場で物事を考えれば、専横《せんおう》経営に陥る愚は避けられる。

## 優秀な経営者ほど、勉強し続けている

山路さんは、とにかくたいへんな勉強家だった。ズームレンズで名を馳《は》せた有名な技術者でありながら、驕《おご》ることなく、ポストが上がってからも勉強をしつづけた。

何しろ社長になってからも、平日は七時に家に帰れたとすれば、それから夜の十時まで

三時間びっしりと勉強した。土日はゴルフにでも行かない限り、決まって終日、図書館で専門書に向かった。そうやって常に知識と技術のキャッチアップを怠らなかった。

たとえば、これからは通信技術が必要だとなれば、専門書を読み漁ってＩＳＤＮ（総合デジタル通信網）の猛勉強をする。もともとたいへんな頭脳の持ち主だから、それをテーマに開発に取り組んでいるわれわれよりたちまち詳しくなる。

だから、ときには勉強不足の部分を質問されて、適当に答えたりしていると、「君、よくそんな嘘がつけるね。知らなきゃ知らないって言いなさい」とぴしゃりとやり込められてしまう。

部下としてこれほどきついことはないが、山路さんに負けないように、われわれもまた必死で勉強した。私が今日あるのは、これはもう間違いなく山路さんに鍛えられたお陰である。

トップになっても勉強ができる人は、要するに謙虚なのである。俺は何でも知っていると思ったら、誰も勉強などしない。知らない、わからないと思うから勉強するのだ。

御手洗・現会長も大変な勉強家である。御手洗さんは勉強していることを、部下に見られないようにしているように思える。何を質問しても瞬時に答えが返って来る。いつどこで勉強したのかなと不思議であるが、とにかく博学だ。

要は、勉強をしないでは優れた経営者にはなれないということであると思う。昔をことさら美化するつもりはないが、こと勉強に関して言えば、戦前に教育を受けた人のほうが、老いてなお熱心な気がする。

大平正芳《おおひらまさよし》さんは総理になってからも年に三〇〇冊も本を読んだと聞いたことがある。鈴川さんにしても山路さんにしても、たいへんな読書家だった。優秀な人はそれだけ勉強し続けているのである。だから、いつも頭が整理されているのだ。

その点、今の経営トップで勉強しつづけている人はどれくらいいるのだろう。あまり多くないのではないか。

「そんなこと言ったって勉強する暇なんてないよ、忙しくて」

そんなボヤキが聞こえてきそうだが、私はそれもちょっとおかしな話だと思う。部下をちゃんと育て、権限を委譲し、組織のピラミッドがきちんと機能するようにしてあれば、実は社長業というのは案外暇なのだ。自分でなってみて、初めてそれがわかった。

だから、本を読む時間がないほど忙しいという社長さんの話を聞くと、不思議でしょうがない。いったい何をそんなにやることがあるのだろうと思ってしまう。

個人的にはゆっくり本が読めるくらい余裕のある経営をして、知識や技術のキャッチアップに努めるべきだと思う。

## なぜ、ビジネス書は翻訳物に限るか

私は子供の頃からの本好きなので、暇さえあれば本を読んでいる。本屋さんへ行って面白そうなものを実際に手にとって、パラパラと眺めてから買うことが多い。小説からエッセイ、ノンフィクション、ビジネス書まで何でも読む。濫読《らんどく》である。たとえば小説なら、佐伯泰英《さえきやすひで》の『密命』シリーズからウンベルト・エーコの『薔薇《ばら》の名前』まで、ジャンルを問わずに読む。

ビジネス書ならば、絶対に翻訳物がいい。欧米の著作は、作者の主張したい独自の視点が明確で、それを証明するためのデータをがっちり集めてくる。

要するに仮説と立証がしっかりしているのだ。だから読んでとても参考になるし、何年も経ってから再読しても、内容が色褪《いろあ》せたりしない。

実際、何十年も前の、とっくの昔に絶版になってしまった翻訳物の経営書をいまだに私は愛読している。たとえば、『経営の適格者』（P・F・ドラッカー）、『独創力を伸ばせ』（A・F・オズボーン）、『労働における疎外と自由』（R・ブラウナー）などだ。美しい設計や特許と同じで、名著と呼ばれる著作には時代を超えた物事の真理があるのだと思う。

これに対し日本のビジネス書は、作者の主張にあまりオリジナリティが感じられず、論拠にしているデータにしても欧米の著作の引用や孫引きで出来上がっている印象が強い。欧米の著作のように独自調査のデータにお目にかかることも滅多にない。

これでは読んでも心に残るものは少ない。

## 教養なき経営者は馬鹿にされる

経営者には「幅広い教養」が絶対に必要である。たとえば海外と交渉するとき、米国人などはよくジョークを交えながらいろいろなことを聞いてくる。それに的確に答えられないと「何だ、この男は？　こんなことも知らないのか」と馬鹿にされてしまう。

だから絵画でも音楽でも文学でも、基礎教養の範囲のことは勉強して身につけておかないといけない。「あの画家、知ってるか？　どう思う？」と聞かれても、知らなかったら答えようがない。絵画であれば、「日本では誰が好きで、欧米では誰が気に入っている。その理由はこうだ」と自分の感性、審美眼《しんびがん》でちゃんと答えられるようにしておくべきだ。それこそアップルのスティーブ・ジョブズ氏などは、驚くほど芸術に造詣《ぞうけい》が深い。付け焼刃のいい加減な知識ではまずついていけない。

話していると、誰それがどこそこで指揮したときのウィーンフィルはどうだったとか、初めてあの絵をニューヨークで観たときの衝撃は忘れられないとか、自分の体験談がポンポン飛び出してくる。

アートと直に接して生きている感じがダイレクトに伝わってくるのだ。

それを聞いて、ただ「ふん、ふん」としか言えないのではいかにも情けない。少しは会話が成立するような知識や感性を身につけるべきである。

## 熟慮断行《じゅくりょだんこう》と朝令暮改《ちょうれいぼかい》の使い分け

熟慮断行という言葉がある。邪心《じゃしん》を捨て、道理をわきまえ、千慮万慮《せんりょばんりょ》し、こうと決めたら勇猛果敢《ゆうもうかかん》に行動する。度量のある人は、たいていこの熟慮断行タイプである。

鈴川さん、山路さん、御手洗・現会長にしても、方針を決めるまではじっくり考える。「これだけ説明してもまだ納得できないのか」とこちらが呆れるくらい千思万考《せんしばんこう》する。ともに軽挙妄動《けいきょもうどう》を嫌忌《けんき》し、軽々に決することは絶対にない。肺肝《はいかん》を砕くことこそ経営陣の務めと深く心得ているのだ。

その結果、自分が得心して、「よし、やろう」と決断すると、迅速果断《じんそくかだん》に打って出る。そして一度決めた方針は絶対に変えない。ブレることがない。

それどころか、開発テーマを上げたこちらが、「これはやっぱり無理だ」と半ば諦め顔をしていると、「おい、まだ諦めるのは早いぞ！　まだこういう可能性があるじゃないか！　何でチャレンジしないんだ！」とぐいぐい引っ張ってくれる。どれほど苦境に陥っても小さな可能性に賭ける心を忘れない人たちである。

だから、手段については三人とも朝令暮改をよしとする。方針は曲げてはいけないが、それを実現するための手段は、こうしたほうがいいと思えば、どんどん修正することを可とする。要は、成すべきは何かということをいつも考えろ、ということだ。

大きな開発テーマは、日の目を見るまで開発責任者三代で二〇年以上もかかる。自らの方針に殉じるくらいの執念がなければ、到底、やり遂げられるものではない。

結果が出なくても我慢に我慢を重ね、水をやり、陽を当て、ひたすら花が咲くのを待った鈴川さんと山路さん、御手洗さんの辛抱がなければ、今日のキヤノンの事務機事業はあり得なかった。四半世紀をかけた壮大な夢物語は、キヤノンのものづくりにかける執念そのものであった。

そしてその執念という伝統をさらに発展させ、キヤノンウェイにまで昇華させたのが、御手洗・現会長であり、それはキヤノン電子にも脈々と息づいているのだ。

（この作品『キヤノンの仕事術』は、平成十八年九月、
小社ノン・ブックから四六版で刊行されたものです）

一〇〇字書評

切り取り線

| 購買動機（新聞、雑誌名を記入するか、あるいは○をつけてください） | |
|---|---|
| □（　　　　　　　　　　）の広告を見て | |
| □（　　　　　　　　　　）の書評を見て | |
| □ 知人のすすめで | □ タイトルに惹かれて |
| □ カバーがよかったから | □ 内容が面白そうだから |
| □ 好きな作家だから | □ 好きな分野の本だから |

●最近、最も感銘を受けた作品名をお書きください

●あなたのお好きな作家名をお書きください

●その他、ご要望がありましたらお書きください

| 住所 | 〒 | | | | |
|---|---|---|---|---|---|
| 氏名 | | 職業 | | 年齢 | |
| Eメール | ※携帯には配信できません | | 新刊情報等のメール配信を希望する・しない | | |

## あなたにお願い

この本の感想を、編集部までお寄せいただけたらありがたく存じます。今後の企画の参考にさせていただきます。Eメールでも結構です。

いただいた「一〇〇字書評」は、新聞・雑誌等に紹介させていただくことがあります。その場合はお礼として特製図書カードを差し上げます。

前ページの原稿用紙に書評をお書きの上、切り取り、左記までお送り下さい。宛先の住所は不要です。

なお、ご記入いただいたお名前、ご住所等は、書評紹介の事前了解、謝礼のお届けのためだけに利用し、そのほかの目的のために利用することはありません。

〒一〇一-八七〇一
祥伝社黄金文庫編集長　萩原貞臣
☎〇三（三二六五）二〇八〇
ohgon@shodensha.co.jp

祥伝社ホームページからも、書けるようになりました。
http://www.shodensha.co.jp/

祥伝社黄金文庫

## 祥伝社黄金文庫　創刊のことば

「小さくとも輝く知性」――祥伝社黄金文庫はいつの時代にあっても、きらりと光る個性を主張していきます。

真に人間的な価値とは何か、を求めるノン・ブックシリーズの子どもとしてスタートした祥伝社文庫ノンフィクションは、創刊15年を機に、祥伝社黄金文庫として新たな出発をいたします。「豊かで深い知恵と勇気」「大いなる人生の楽しみ」を追求するのが新シリーズの目的です。小さい身なりでも堂々と前進していきます。

黄金文庫をご愛読いただき、ご意見ご希望を編集部までお寄せくださいますよう、お願いいたします。

平成12年(2000年) 2月1日　　　祥伝社黄金文庫　編集部

---

**キヤノンの仕事術《しごとじゅつ》**　「執念《しゅうねん》」が人《ひと》と仕事《しごと》を動《うご》かす

平成20年12月20日　初版第1刷発行

著　者　酒《さか》巻《まき》　久《ひさし》
発行者　深澤健一
発行所　祥《しょう》伝《でん》社《しゃ》
東京都千代田区神田神保町 3-6-5
九段尚学ビル　〒101-8701
☎03(3265)2081(販売部)
☎03(3265)2080(編集部)
☎03(3265)3622(業務部)
印刷所　錦明印刷
製本所　関川製本





ISBN978-4-396-31472-9 C0136

祥伝社のホームページ・http://www.shodensha.co.jp/

# 祥伝社黄金文庫

日下公人《きみんど》 「道徳」という土なくして「経済」の花は咲かず

日本の底力は、道徳力によって作り上げた「相互信頼社会」の土台にある。この土壌があれば、経済発展はたやすい。

日下公人 食卓からの経済学

コーヒー、カレー、チーズ……「おいしい食事」には、智恵と戦略が詰まっている。

副島《そえじま》隆彦 預金封鎖

大増税、ペイオフ解禁……迫り来る国民資産収奪にどう備えるか。ベストセラー、ついに文庫化！

副島隆彦 預金封鎖 実践対策編

金地金《きんじがね》の安い買い方、郵貯・生保・国債の損得を見極める―これで預金封鎖に備えよ！

副島隆彦 「実物経済《タンジブル・エコノミー》」の復活

いつ、どこで、どう買うか。最上の選択を教えよう。世界経済の大変動を言い当てた著者が贈る「究極の資産防衛」！

堀場雅夫 出る杭になれ！

混迷の時代、誰も先のことは読めません。「出る杭」は打たれるが、出すぎてしまえば周囲も諦めます。